Miguel Ruiz

MON PARIS INSOLITE

Edition : Books on Demand,
12/14 rond-Point des Champs-Elysées, 75008 Paris
Impression : BoD - Books on Demand, Norderstedt, Allemagne
ISBN : 9782322115297
Dépôt légal : octobre 2019

*« Paris, point le plus
éloigné du Paradis,
n'en demeure pas
moins le seul endroit
où il fait bon
désespérer. »*
    (Emil Cioran)

*« Paris sera toujours
Pariiiiiiiiiiiis ! »*
    (Maurice Chevalier)

1er ARRONDISSEMENT

Arbre Sec (rue de l')

Et si on remontait le temps au **n° 52** ? Dans cette librairie, huit millions d'exemplaires de journaux, de magazines, de revues et de cartes postales sont posés sur les rayons ou à même le sol - par ordre alphabétique, par année ou par thème... Véritable caverne d'Ali Baba aux allures Art Déco, *La Galcante* (acronyme pour Galerie-brocante) a ouvert ses portes en 1975, pour le plus grand bonheur des collectionneurs et des simples lecteurs curieux.

Remontons le temps encore plus loin : ici en août 1572, à l'angle de cette petite voie et de la rue de Rivoli, s'élevait jadis l'hôtel de Ponthieu. Le chef du parti Protestant, l'amiral Gaspard de Coligny, y fut assassiné – en prélude aux massacres de la St-Barthélémy (lesquels furent lancés par le carillon de l'église St-Germain-l'Auxerrois toute proche).

L'académicien Alexandre Arnoux (de nos jours auteur bien oublié mais créateur en son temps de la pièce de théâtre *La Belle et la Bête* - oui celle qui inspira le film de Cocteau), Alexandre Arnoux donc, affirmait que le centre de gravité de Paris se trouvait au bout de la rue de l'Arbre Sec. Très exactement au niveau du lampadaire qui se trouve à la hauteur du chevet de l'église St-Germain-l'Auxerrois ! On veut bien le croire – même si l'IGN (Institut National Géographique) le situe lui plutôt au niveau de la pointe de l'île de la Cité, place Dauphine...

Bons-Enfants (rue des)

Le 8 novembre 1892, une bombe fut déposée au siège de la Compagnie des mines de Carmaux, avenue de l'Opéra. Le concierge ayant trouvé l'engin, celui-ci fut rapporté par des agents au commissariat de la rue des Bons-Enfants... où il explosa avant même d'avoir pu être examiné.

Qui avait déposé la bombe ? On ne le sut jamais vraiment. L'anarchiste Emile Henry la revendiqua mais Félix Fénéon, intellectuel du mouvement, le traita de fanfaron. Mystère donc - un mystère qui tua tout de même six personnes présentes dans le commissariat - et qui fut un des points culminants de la vague d'attentats attribués à la mouvance anarcho-libertaire de cette fin de siècle.

Courtalon (rue)

En 1684, dans le quartier des Halles, la rue Courtalon fut le théâtre d'un fait divers retentissant. En l'espace de quelques mois, on signala la disparition de 26 jeunes gens âgés de 17 à 25 ans. Les hypothèses les plus farfelues circulèrent dans une population affolée... L'affaire faisant grand bruit, elle arriva aux oreilles de Louis XIV qui diligenta son plus fin limier, Nicolas de La Reynie. Lequel découvrit le pot aux roses : une bande utilisait les charmes d'une belle princesse anglaise pour attirer les jeunes gens, puis des complices les trucidaient et revendaient leurs têtes embaumées en Allemagne - à des fins d'études anatomiques. Quant aux corps, on les négociait à des étudiants en médecine, contre espèces sonnantes et trébuchantes ! Pas de petits profits pour la fausse princesse et sa bande d'affreux, qui furent tous jugés et pendus.

Dauphine (place)

Anciennement Île aux Juifs intégrée de nos jours à l'île de la Cité, la place Dauphine fut longtemps un lieu d'exécutions, en particulier lors des autodafés religieux et autres persécutions politiques. Au niveau du **n° 26**, le 18 mars 1314, furent élevés quatre bûchers ou brûlèrent le Grand Maître de l'ordre du Temple et trois autres chevaliers - point final au conflit opposant les Templiers au pouvoir royal. Selon la légende, le Grand Maître Jacques de Molay y lança sa célèbre malédiction contre ses persécuteurs : "*Pape Clément ! Roi Philippe ! Avant un an, je vous cite à comparaître au tribunal de Dieu pour y recevoir votre juste châtiment !* "... De fait, le pape et le roi moururent tous deux dans l'année ! (Clément V le 20 avril, Philippe le Bel le 29 novembre).

Ici, au **n° 15** de cette petite place royale datant du XVIIIème siècle, l'actrice Simone Signoret a élu domicile en 1951, juste après son union avec Yves Montand. Le lieu : une ancienne petite librairie, exiguë mais néanmoins coquette,

11

transformée en duplex par le couple et que l'on surnommait « La Roulotte ». De nos jours, une célèbre chaîne de restauration s'est installée au n° 15. Grandeur et décadence des lieux. Mais moindre mal : la chaîne en question est française, pas américaine... On se console comme on peut !

Ferronerie (rue de la)

C'est ici dans cette rue étroite et encombrée que, le 14 mai 1610 à 4 heures du soir, Henri IV fut assassiné. Son meurtrier, François Ravaillac - un illuminé qui avait eu une vision lui demandant de convaincre le souverain de convertir les huguenots -, voulait punir le roi pour ses tentatives de réconciliation religieuse et pour son intention de déclarer la guerre à l'Espagne, puissance catholique s'il en fut. Une plaque au n° 11 marque le lieu de l'assassinat, elle est caractérisée par les emblèmes du roi de France (trois fleurs de lys) et du roi de Navarre (chaînes d'or posées en orle, en croix et en sautoir).

Jean-Jacques Rousseau (rue)

Si les parisiens sont bien habitués aux passages couverts des Grands Boulevards, peu connaissent celui de la Galerie Véro-Dodat, dont l'entrée principale se trouve au 19 rue Jean-Jacques Rousseau. Tout droit sortir d'un roman de Balzac, elle porte le nom de ses deux créateurs (un financier, Dodat, et Benoit Véro, un... charcutier !). De facture néo-classique, la galerie associe le bois sombre et des ornements en cuivre et fonte, formant des arcades en plein cintre. Le tout est agrémenté de miroirs, de peintures et de colonnes. Un des tout premiers endroits de la capitale éclairé au gaz, la galerie fut entièrement restaurée dans les années 1980. Aujourd'hui, parmi les nombreuses élégantes adresses, citons celles du n°19 (l'excellent restaurant " Le Véro-Dodat ") et de la boutique de poupées anciennes de Robert Capia, au désordre savamment agencé (n° 23).

Joachim du Bellay (place)

Le cimetière des Innocents était situé sur cette place, au centre de laquelle se tient encore la fontaine du même nom. Tout près des Halles, où les foires attiraient les marchés, le lieu devint vite un repère de brigands, une véritable petite Cour des Miracles bis. Aussi, Philippe Auguste souhaita qu'il fût entouré d'une enceinte et fermé la nuit. Cependant les écrivains publics et les dames de petite vertu continuaient d'envahir les charniers, de jour... comme de nuit. Dans les derniers siècles, c'était sous les galetas remplis de débris vermoulus, au milieu d'une odeur fétide, qu'on venait se parer et dicter des lettres d'amour... Finalement, le cimetière fut fermé dans les années 1780 - après que des caves de maisons voisines, rue de la Lingerie, se soient écroulées sous le poids des ossements !

Louvre (place du)

Autour de l'église St-Germain-l'Auxerrois, on peut admirer les étranges gargouilles et marmousets qui ornent l'édifice religieux. Tous plus étonnants les uns que les autres : grotesques, drôles et sinistres à la fois... Sinistre, tout comme le carillon de l'église. C'est en effet lui qui donna le signal du massacre de la St-Barthélémy (24 août 1572), point culminant des guerres de Religion. Il sonna alors le glas pour les quelque 3 000 protestants habitant Paris, exécutés méthodiquement trois jours durant.

Palais (boulevard du)

Ancien logement du gouverneur du Palais du Roi, la Conciergerie (**2** boulevard du Palais) devient une prison en 1391. Ravaillac, Damiens, Cartouche et Mandrin figureront parmi les célébrités qui y « logèrent ». Plus tard, pendant l'épisode de la Terreur révolutionnaire, 4 200 prisonniers y furent détenus... Dont 2 268 finirent sur l'échafaud ! (Danton, Marie-Antoinette, André Chénier, Robespierre, St-Just, etc...). De nos jours, la prison de la Conciergerie peut se visiter mais n'est plus une partie du site occupé par le Palais de Justice de Paris... En effet, le nouveau Palais vient, depuis le printemps 2018, de se délocaliser dans le quartier des Batignolles (17ème arrondissement). Un véritable tournant dans l'histoire deux fois millénaire du Palais de Justice de l'île de la Cité.

Palais-Royal (jardins du)

Construit par Richelieu en 1628, le Palais-Cardinal, offert au roi Louis XIII en 1636, sert ensuite de résidence à Louis XIV, pendant les troubles de la Fronde. Il prend alors le nom de Palais-Royal. Le Régent Philippe d'Orléans y réside en 1692, et Louis-Philippe, qui deviendra roi des Français, y voit le jour le 6 octobre 1773. 1780 : une grandiose opération immobilière conduite par l'architecte Victor Louis est réalisée ; on encadre le jardin de constructions uniformes et de galeries. Celles-ci vont devenir pendant un demi-siècle, par leurs cafés, restaurants, salons de jeu et autres divertissements, le rendez-vous à la mode d'une société parisienne élégante... et souvent libertine. La fermeture des maisons de jeu et la chasse à la prostitution y mettront fin en 1836. Le Palais-Royal est alors, à partir de 1871, affecté à différentes administrations de la République. Il abrite aujourd'hui le Conseil d'État, le Conseil Constitutionnel et le ministère de la Culture.

Le 20 janvier 1793, veille de l'exécution de Louis XVI, le député Le Peletier de St-Fargeau, qui avait voté la mort du souverain, est tué par un ancien garde du roi (au n° 113 de la Galerie de Valois). Préfiguration de l'attentat à venir de Charlotte Corday ?... En tout cas, cette même Charlotte achètera, dans une boutique de cette même Galerie de Valois (au n° 177), le fatal couteau qui servit à tuer Marat...

Pont-Neuf

Dans la série des "plus vieux" de Paris, je demande le pont... Les plus cultivés connaissent sûrement la réponse, pour les autres la voici : le plus vieux pont de Paris n'est autre que le... Pont-Neuf ! Hé oui, Il a gardé le nom que lui avaient donné les Parisiens à l'époque de son édification au début du XVIIème siècle... C'est le roi Henri III qui ordonne sa construction en 1578, pour joindre les deux rives de la Seine en une seule fois (et non en deux temps, comme c'était le cas avant). Alors, quand il est érigé en 1607, c'est une véritable révolution pour les Parisiens : un pont dénué d'habitations et pourvu de trottoirs protégeant les piétons de la boue, des chevaux et des calèches ! Autre innovation, il est aussi le tout premier pont de pierre à traverser entièrement la Seine. Classé monument historique depuis 1889, il est inscrit au patrimoine mondial de l'Unesco. (Pour info, le deuxième plus vieux pont de Paris est le Pont-Marie, érigé entre 1614 et 1635).

Rambuteau (rue)

Dans l'ordre des peines criminelles du Moyen Âge, les piloris, dont l'appareil d'exposition tournait au sommet d'une tour, étaient essentiellement réservés aux banqueroutiers, aux concussionnaires, aux faux témoins, aux blasphémateurs, et aux entremetteuses et autres femmes adultères. A Paris, il s'élevait aux Halles, à l'angle des rues Pirouette (disparue aujourd'hui) et Rambuteau. La roue effectuait un tour complet toutes les deux heures et avait une capacité de six places... Preuve qu'à l'époque déjà, la justice était débordée !

Rivoli (rue de)

59 Rivoli, initialement baptisé « Chez Robert : Electrons Libres », est un collectif d'artistes basé au – je vous le donne en mille - **59** rue de Rivoli. Fondé dans un bâtiment haussmannien laissé à l'abandon par le Crédit Lyonnais et les pouvoirs publics, le *59 Rivoli* accueille dans ses murs plus de trente artistes en résidence. Programmés tous les samedis et dimanches, pléthore de concerts animent aussi le lieu et sa galerie (ouverte aux expositions collectives extérieures). Le *59* se veut un pôle artistique autour duquel expressions singulières, langues d'art et créativités variées gravitent. C'est le vecteur d'un « cheminement culturel à la fois alternatif et institutionnalisé, véritable fabrique des possibles ancrée dans le paysage touristique parisien ». Autrement dit et pour faire plus simple : un îlot d'originalité au cœur de la capitale.

Hebdomadaire publié par Arthème Fayard, *Je Suis Partout* sort son premier numéro le 29 novembre 1930. Jusqu'en 1942, la rédaction se trouve rue Marguerin à Paris avant de s'installer rue de Rivoli, au **n° 186**. Il rassemblait des plumes souvent issues de l'Action Française (Pierre Gaxotte, Claude Jeantet, Alain Laubreaux, Pierre Drieu La

Rochelle, le dessinateur Ralph Soupault...). Le journal - d'antiparlementaire, nationaliste et convaincu de la « décadence » de la France - durcit vite ses positions. Alors que la rédaction est de plus en plus séduite par les partis d'extrême droite, il devient, à partir de 1941, le principal journal collaborationniste et antisémite français. Le dernier numéro est daté du 16 août 1944, ses rédacteurs étant ensuite - vite fait bien fait - jugés et condamnés (Brasillach, Céline, P.-A. Cousteau, Maurice Bardèche, Lucien Rebatet...).

Vendôme (place)

Au n° **16** de la place Vendôme s'installa en 1778 l'illustre docteur Franz-Anton Mesmer, dont les cures magnétiques allaient soulever maintes polémiques et faire courir le Tout-Paris. Né en 1734, ce médecin badois avait établi un ensemble de théories et pratiques thérapeutiques, lesquelles eurent par la suite un impact certain sur la médecine, la psychologie et la parapsychologie. Pourtant, pour avoir prétendu guérir en dehors des règles académiques de la médecine, il fut jugé et condamné. Alors Mesmer, charlatan ?... Peut-être pas autant que le Messmer canadien (Eric Normandin de son vrai nom) qui, de nos jours, sévit en pratiquant l'hypnose sur scène !

Viarmes (rue de)

La Bourse de Commerce, construite sous Louis XVI, s'élève à l'emplacement de l'ancien hôtel de Catherine de Médicis, dont il ne reste plus qu'une impressionnante colonne (**n° 2** rue de Viarmes). Vestige d'un passé où durant le règne de la souveraine, astrologues et faiseurs de philtre étaient... rois ! En effet, passionnée d'astrologie, on pense que Catherine la fit construire afin de permettre à son astrologue personnel, Cosimo Ruggieri, l'observation des planètes. Surmonté d'une verrière dont il ne reste plus que la structure métallique et doté d'un escalier intérieur de 147 marches, le monument se dresse encore, fier et mystérieux.

2ème ARRONDISSEMENT

Beauregard (rue)

La tradition admet que les immeubles portant les **n° 23 et 25** de la rue Beauregard ont été construits sur l'emplacement qu'habitait, sous le règne de Louis XIV, la célèbre voyante et empoisonneuse Catherine Deshayes, plus connue sous le nom de La Voisin. Chez l'ensorceleuse, on disait aussi des messes noires auxquelles furent mêlés d'importants personnages de la Cour, dans la célèbre Affaire des Poisons. Tout cela termina mal pour elle et ses complices de basse extraction... Les autres – les « grosses huiles » - échappèrent à l'échafaud et au bûcher (la marquise de Montespan fut exilée, l'abbé Guibourg simplement emprisonné et Racine tout juste suspecté)... Justice de classe, quand tu nous tiens !

Tout de même, la sinistre La Voisin, en dehors de ces meurtres, avait avoué plus de 2 500 fœtus enterrés dans son jardin - résultat de ses activités « complémentaires » de faiseuse d'anges ! Elle finit brûlée en place de Grève, le 22 février 1680.

Blondel (rue)

Au **n° 32** de la rue Blondel, la décoration intérieure de l'ancienne maison close *Aux Belles Poules* était l'une des plus spectaculaires de Paris. Des mosaïques de faïence rouge rendaient hommage à la beauté féminine... en l'associant à celle de gallinacés - misogynie de l'époque, sans doute ! Au-dessus des portes, de belles odalisques alanguies voisinaient avec des compositions mythologiques mettant en scène des jeunes femmes dénudées au fessier rebondi. De nos jours, après restauration de son décor des années 20, *Aux Belles Poules* a rouvert. Sa propriétaire y organise des conférences, des lectures de pièces érotiques (on ne se refait pas...), ou encore des dîners avec danseuses burlesques.

Caire (place du)

Construit en 1798, le passage du Caire est le plus ancien passage couvert de la capitale. Il porte le nom de la capitale égyptienne en raison des trois statues à l'effigie de la déesse Hathor, aux oreilles de vaches, ornant l'entrée. Le passage est connu pour être le plus long et le plus étroit de Paris. L'activité y est permanente sous sa grande verrière en arête de poisson. Situé dans le quartier du Sentier, le passage du Caire est presque intégralement dédié aux grossistes du prêt-à-porter. La visite mérite le détour - pour le style architectural de ses belles façades du niveau supérieur, lesquelles ont conservé leur aspect d'origine. De nombreuses entrées secondaires permettent l'accès au passage : rue d'Alexandrie, rue Saint-Denis et rue du Caire.

Paris, sous l'ancien régime, comptait près d'une douzaine de cours des Miracles, la principale, la Grande Cour, abritant prés de 4 000 personnes à l'époque. Elle était située autour de l'actuelle place du Caire, entre la rue du même nom et la rue Réaumur. La partie la plus dangereuse était celle située dans l'arc de cercle formé par les rues Damiette et des Forges. A partir de 1656, Gabriel Nicolas de La Reynie, lieutenant général de police, fut chargé de les détruire. 60 000 voleurs, mendiants et faux estropiés furent alors envoyés aux galères et marqués au fer rouge.

L'expression « Cour des Miracles » proviendrait du fait qu'une fois la nuit tombée, tout ce beau monde disparaissait comme par magie. Ainsi les pseudo estropiés retrouvaient leurs capacités physiques et les vieillards rajeunissaient ... Cette Cour des Miracles n'était donc en fait qu'un théâtre destiné à apitoyer les bourgeois - afin d'obtenir l'aumône...

Sur la façade du **n° 2**, on remarquera, parmi les hiéroglyphes, un profil d'homme nanti d'un nez phénoménal. C'est le nez de Bouginier. Bouginier était un rapin qui fréquentait l'atelier du peintre Jean-Antoine Gros, et qui fut pris pour cible par ses camarades de cours. Ceux-ci décidèrent de reproduire partout dans Paris, et même à l'étranger, son profil particulier, en guise de moqueries... Cyrano de Bergerac est passé à la postérité pour son appendice nasal certes, mais aussi pour sa truculence et son œuvre littéraire... Bouginier lui, juste pour son nez !

Chabanais (rue)

Le *Chabanais*, situé au **n° 12** de la rue du même nom fut, entre 1878 et 1946, l'une des maisons de tolérance les plus courues et les plus luxueuses de Paris. Madame Kelly (pseudonyme d'une certaine Alexandrine Joannet) y avait investi tout son pécule pour faire de cet immeuble un des spots les plus luxueux de Paris... en terme de nid d'amour tarifé. Une flopée de rois et de personnalités y avait leurs habitudes. Notamment Édouard VII d'Angleterre, qui y avait fait installer une chaise de volupté (avec coussins et étriers) et... une baignoire à champagne !

Le 13 avril 1946, la loi Marthe-Richard mit un terme aux activités du *Chabanais* (et à celles de toutes les maisons closes de France). Ce qui fit dire à l'actrice Arletty ce bon mot : « La fermeture des maisons closes, plus qu'un crime : un pléonasme ! ».

Daunou (rue)

Dans ce petit bar-restaurant du **10** de la rue Daunou, les prix des consommations sont affichés en fonction des dernières demandes... comme à la Bourse et sur écran plasma ! Boiseries et hauts plafonds à l'ancienne, au *Footsie* (terme anglais équivalent de notre *Cac 40*) il ne manque plus que la corbeille et les crieurs du Palais Brongniart...

Degrés (rue des)

La rue des Degrés, au cœur du Sentier, a jeté ses quatorze marches, de la rue Beauregard vers la rue de Cléry. Cette voie-escalier aménagée après la démolition de l'enceinte de Charles V mesure à peine 3m30 de large sur 5m75 de long - ce qui en fait la plus courte de la capitale. Les bâtiments riverains sont accessibles par les voies des niveaux inférieur et supérieur. Longée par ses façades aveugles, la rue des Degrés possède le charme pittoresque des curiosités architecturales et topographiques, auxquelles seule l'histoire de la ville peut donner un sens.

Etienne-Marcel (rue)

La Tour Jean-sans-Peur, coincée dans la cour d'une école au **20** rue Etienne-Marcel, passe au premier abord assez inaperçue. C'est pourtant un monument exceptionnel, rare témoin de l'architecture moyenâgeuse à Paris. Haute de 27 mètres, c'est la plus haute tour médiévale civile visible dans la capitale, représentative des grands logis princiers de l'époque. L'intérieur concentre des éléments architecturaux d'exception, dont un fabuleux escalier à vis surplombé par une voûte au décor végétal. On remarquera aussi deux chambres, répliques exactes l'une de l'autre... Portant bien son nom, le duc Jean-sans-Peur souhaitait ainsi induire en erreur ses éventuels assaillants... en logeant ses serviteurs dans une chambre identique à la sienne ! Ce qui ne l'empêcha pas de se faire bel et bien assassiner, un beau jour de septembre 1419... Mais à Montereau (Seine-et-Marne), bien loin de Paris et de sa tour.

La Ville-Neuve (rue de)

Petite mort du dernier cinéma porno de Paris, c'était la dernière séance du *Beverley*, situé au **14** rue de la Ville-Neuve... A qui Maurice Laroche, son directeur depuis 1983, a-t-il cédé l'affaire ? Pour l'instant, n'ayant pas trouvé repreneur : personne. Mais ne désespérons pas, cet espace de 112 m² pourrait bien rester une salle obscure - qui ne serait plus réservée aux adultes, celle-là...

Montmartre (rue)

Il y a fort à parier que le Café du Croissant (**146** rue Montmartre) n'existerait plus s'il n'avait pas été le théâtre d'un des épisodes les plus marquants de l'Histoire de France. C'est en effet dans cette petite brasserie que fut assassiné Jean Jaurès - figure politique majeure de l'avant-guerre et grand artisan de la paix - le 30 juillet 1914 (une inscription à même le sol indique l'endroit exact de l'attentat). Son assassin Raoul Villain, un exalté royaliste va-t-en guerre qui portait bien son nom, mourra vingt-deux ans plus tard en pleine guerre d'Espagne... assassiné à son tour par des militants de gauche ! Ironie de l'histoire : on n'est même pas sûr que les militants en question savaient qui il était. Alors, justice immanente ou simple retour des choses ?

Petits-Champs (rue des)

Luxueux passage couvert construit en 1823 selon les plans de l'architecte François-Jean Delannoy, la galerie Vivienne est inscrite aux monuments historiques depuis 1974 ; elle est accessible, entre autres, par le **n° 4** de la rue des Petits-Champs. Mesurant 176 mètres de long, son sol est entièrement recouvert d'une œuvre signée du mosaïste franco-italien Facchina. Inaugurée en 1826 sous le nom de « Marchoux », puis rapidement baptisée « Vivienne », cette galerie tire profit de son emplacement exceptionnel, attirant nombre de visiteurs grâce à ses boutiques de tailleur, marchand de vin, restaurateur, libraire, confiseur et autres marchand d'estampes. L'escalier monumental du n° 13 conduit à l'ancienne demeure du célèbre Vidocq, ce bagnard devenu chef de la police sous l'Empire.

D'une longueur de 190 mètres - ce qui en fait la plus grande des galeries parisiennes couvertes du XIXème siècle - le passage Choiseul prolonge la rue du même nom en reliant la rue Saint-Augustin (au n° 23) à la rue des Petits-Champs (**n° 40**). Le passage fut construit entre 1825 et 1827 par les architectes Mazois et Tavernier. Loin de pouvoir rivaliser avec le luxe de la galerie Vivienne toute proche, il a tout de même - grâce à son atmosphère surannée - un charme certain. Louis-Ferdinand Céline vécut ici une grande partie de ses jeunes années, sa mère y tenant un commerce… « Moi, j'ai été élevé au passage Choiseul, dans le gaz des becs d'éclairage. Du gaz et des claques, voilà ce que c'était, de mon temps, l'éducation. J'oubliais : du gaz, des claques et des nouilles. Parce que ma mère était dentellière et que les dentelles, ça prend les odeurs...» (in *"Mort à Crédit"*). Retrouvez ici l'ambiance de l'enfance de l'écrivain, picaresque et pathétique à souhait, lui qui n'hésitait pas à rebaptiser le lieu « Passage des Bérézinas » ! La boutique-domicile de ses parents se situait au n° 65-67.

Petits-Pères (place des)

L'immeuble du **n° 1** de la Place des Petits-Pères était jadis occupé par la banque Léopold-Louis Dreyfus. Sous le régime de Vichy, il fut annexé par un sinistre organisme d'Etat : Le Commissariat Général aux Questions Juives (CGQJ). Destiné à appliquer la politique discriminatoire du régime à l'égard des Juifs de France, il était dirigé par Xavier Vallat puis, à partir de mai 1942, par Louis Darquier de Pellepoix. Le commissariat (créé en mars 1941) était aussi chargé du traitement des Roms, eux aussi ciblés par la politique raciale des nazis et promis à la déportation. Fermé fin août 1944, le CGQJ compta jusqu'à 1200 employés dans toute la France ; ses biens furent mis sous séquestre et celui-ci confié au ministère des Finances.

Après qu'une voix céleste eut ordonné au curé Charles-Eleonore Dufriche-Desgenettes de consacrer sa paroisse au « Très Saint et Immaculé cœur de Marie » (1836), les fidèles se pressèrent en l'église Notre-Dame-des-Victoires... et la couvrirent d'ex-votos. Qui pourrait à la lecture de ces milliers de plaques commémoratives douter de l'intercession de la Vierge ? Tous les grands corps de l'Etat furent touchés par la bonté divine... avec une priorité pour le clergé, l'armée et le sang bleu ! Paradigme et synthèse de la reconnaissance, un dernier ex-voto s'orne de l'inscription : « Ex-votos en tous genres »... dans la vitrine du marchand d'objets de piété qui fait face à l'église ! Est-il, celui-là, aussi doux au cœur de la Vierge ?

Poissonnière (boulevard)

Le *Grand Rex* (inscrit au patrimoine et construit sur le modèle du célèbre *Radio City Music Hall* de New York) est devenu - en France comme en Europe - l'un des lieux emblématiques du 7ème art, remarquable en particulier par son style architectural.

Le cinéma du **1** boulevard Poissonnière est aussi connu pour la décoration intérieure de sa grande salle (2 800 places). Elle a été créée dans le style d'une ville « méditérranéo-antique » restituant l'ambiance Art Déco des villas de la « French Riviera », et avec un plafond-ciel étoilé culminant à plus de 30 mètres. Des jeux d'eau animent cette salle mythique chaque année à Noël depuis 1954 - la célèbre « Féerie des Eaux ».

En 1988, le *Grand Rex* s'offre le plus grand écran de France, le « Grand Large », 300 m², ce qui en fait le plus grand d'Europe (hors IMAX). Enfin, en 1997, il a ouvert sa programmation à des festivals, à des concerts et aux *one-man-shows* de nombreux artistes qui se produisent sur sa scène.

31

Richelieu (rue de)

Il était tout naturel que Paul Masson (1849-1896) - ancien procureur de la République à Pondichéry, avocat, écrivain et grand mystificateur qui se parait du double titre de « yogi » et de « magistrat honoraire » - devienne à un moment de sa vie... fonctionnaire. Et, en effet, il finit sa carrière comme « Chargé du catalogue de la Bibliothèque Nationale de France », sise au **58** rue de Richelieu. Masson aurait alors rédigé de multiples notices de faux ouvrages : « Recherches sur les peintres aveugles », « Dictionnaire des diminutifs », « Essai sur les bibliothèques des Mérovingiens », le tout à l'avenant... A l'écrivain Colette qui lui demandait si ses livres existaient vraiment, il répondait tout de go : « Ah mais je ne peux pas tout faire ! ». Cinq ans plus tard, ce grand excentrique se suicide à Strasbourg... Remords de la supercherie ou simple spleen engendré par la vie de fonctionnaire ?

Le comte de Saint-Germain, personnage légendaire s'il en fut, fut l'une des figures les plus singulières du siècle des Lumières. Maître de l'occulte, il aurait possédé l'Élixir de longue vie et détenu le secret de l'immortalité. Il parcourut le vaste monde, côtoya les plus grands monarques de son temps et, toujours selon lui, aurait même taillé le bout de gras avec Jésus-Christ ! Cet homme étonnant, réputé aussi musicien, peintre et polyglotte, aurait ainsi vécu plusieurs siècles...

Ce dont on est sûr, c'est que le charlatanesque comte de Saint-Germain habita ici, au **101** rue de Richelieu. Et qu'il finit ses jours en Allemagne, à l'age de 93 ans... Presque centenaire - mais pas immortel !

3ème

ARRONDISSEMENT

Arts-et-Métiers (métro)

La station de métro Arts-et-Métiers est probablement l'une des plus étonnantes du réseau parisien. Inspirée de l'univers de Jules Verne, elle nous embarque dans un monde parallèle, celui de François Schuiten. Aménagée sur les quais de la ligne 11 en 1994, cette station unique en son genre a en effet été réalisée à partir des dessins de l'artiste belge, auteur avec Benoît Peeters de la célèbre série des *Cités Obscures* (Casterman).
Composé de 800 plaques de cuivre fixées par des rivets, le revêtement mural évoque donc le célèbre *Nautilus* de Jules Verne. L'ensemble du mobilier, des plaques aux poubelles en passant par les sièges, a été créé spécialement pour la station. Résultat : venu d'un lointain passé ou d'un futur indéterminé, un monstre sous-marin... souterrain.

Bretagne (rue de)

Le marché couvert des Enfants Rouges, créé en 1615, n'a pas pris une ride. Le plus vieux marché alimentaire de la capitale est situé dans le Haut Marais, au **n° 39** de la rue de Bretagne. Parisiens et touristes font le plein de produits frais en profitant des étals colorés et odorants. Dans une ambiance conviviale et... bon enfant, on improvise une pause déjeuner, à l'épicerie italienne, au stand bio, au traiteur libanais ou encore au snack japonais. Le dimanche, les amateurs de brunch se précipitent à l'*Estaminet*, restaurant niché au cœur du marché, à *La Petite Fabrique* ou au *Burger Fermier*.

(Pour la petite histoire, le nom des « Enfants-Rouges » viendrait de l'hospice du même nom créé en 1524 pour recueillir les orphelins, orphelins dont l'uniforme était – je vous le donne en mille – … rouge.)

Montmorency (rue de)

Bâtie en 1407 et à juste titre classée monument historique, la maison du **51** rue de Montmorency serait la plus ancienne de Paris. Construite par Nicolas Flamel pour accueillir les pauvres, sur sa façade on peut encore lire l'inscription suivante : « Nous homes et femes laboureurs demourans ou porche de ceste maison qui fut faite en l'an de grâce mil quatre cens et sept somes tenus chascun en droit soy dire tous les jours une paternostre et un ave maria en priant Dieu que sa grâce face pardon aus povres pescheurs trespasses ». Les deux premiers étages conservent leur décoration originelle : l'inscription gothique mentionnée ci-dessus, ainsi que les piliers moulurés et les décors d'anges et de colonnettes. Sur les deuxième et cinquième piliers sont gravées les initiales « NF », en hommage au célèbre alchimiste - à qui l'on prêterait la découverte de la Pierre philosophale… Autrement dit le pouvoir de changer le plomb en or et celui de prolonger la vie humaine au-delà de ses bornes naturelles. L'immortalité quoi, rien que ça ! L'édifice a fait l'objet de nouvelles restaurations en juin 2007 et est de nos jours occupé par un restaurant.

Payenne (rue)

La « Chapelle de l'Humanité » du **5** rue Payenne est le seul temple positiviste qui subsiste en Europe. Elle aurait été inaugurée sur un quiproquo : l'Eglise positiviste du Mexique, qui acheta le lieu en 1903, pensait en fait acquérir la maison de Clotilde de Vaux – l'égérie du « mouvement » d'Auguste Comte. Mais en réalité Clotilde mourut au numéro 7… Le 5, hôtel particulier que François Mansart avait fait construire en 1666, abrite donc au 1er étage une Chapelle de l'Humanité, reproduction à échelle réduite du plan qu'avait conçu initialement le philosophe. L'allégorie sur l'autel représente « l'Humanité tenant l'Avenir dans ses bras » tandis que la façade sur rue a été transformée par l'architecte Gustave Goy. On y aperçoit un buste de Comte, avec cette inscription résumant la pensée du positivisme : « L'amour pour principe, l'ordre pour base et le progrès pour but »… et une statue de Clotilde de Vaux, représentée en « vierge mère ». Quand la philosophie dérape en religion…

Quincampoix (rue)

Dans ce restaurant plongé dans le noir, vous serez conduits et servis par des non-voyants ! Le chef Jéremy Niquet et son équipe de *Dans le Noir* (**51** rue Quincampoix) proposent des menus surprises, les clients n'ayant aucune idée de ce qu'ils vont manger… Toute l'expérience porte sur les saveurs et les textures. C'est un vieux principe souvent utilisé dans l'industrie alimentaire ou du luxe, appelé « dégustation à l'aveugle » et qui tend à combattre les idées préconçues. Unique en France, ici c'est vous qui serez « handicapé » et qui ne pourrez vous fier qu'à votre odorat et à vos papilles.

Saint-Claude (rue)

Cette belle demeure du n° 1 a été habitée par le célèbre aventurier italien, Joseph Balsamo, alias le Comte de Cagliostro. Devenu circa 1785 la coqueluche du Tout-Paris, ce mage, guérisseur (et charlatan !) sut duper le naïf cardinal de Rohan, qu'il guérit d'une crise d'asthme et à qui il fabriqua un magnifique faux diamant... Impliqué dans l'affaire du Collier de la Reine, l'aventurier fut finalement arrêté et banni de France. Ayant perdu de sa superbe, il mena dès lors une vie errante, jusqu'à sa mort en 1795. L'Hôtel du 1 rue St-Claude date de 1719. Les vantaux de sa porte cochère, déposés en 1853, proviennent du Temple ; ils constituent un des rares vestiges qui nous restent de cet édifice.

Saint-Martin (boulevard)

C'est un des serpents de mer les plus tenaces de la capitale : les stations fantômes du métro parisien - Saint-Martin, Arsenal, Haxo, Croix-Rouge, Champ-de-Mars ou encore Porte Molitor... Invisibles et désaffectées, mais bien présentes sous nos pieds, elles alimentent depuis toujours la curiosité des Franciliens ; jugées trop proches des arrêts suivants ou peu fréquentées, elles ont été fermées en 1939. La station Saint-Martin a trouvé elle une seconde vie : un temps réquisitionnée pour recevoir de nuit les personnes sans domicile fixe, elle accueille maintenant régulièrement des manifestations publicitaires (Nissan, H&M, Microsoft, Nike...). Elle dispose de deux accès (toujours fermés aux usagers) : l'un à l'extrémité ouest de la rue René-Boulanger et l'autre au **31**, boulevard Saint-Martin.

Saintonge (rue de)

Qu'y a-t-il de commun entre Blaise Pascal et Robespierre ? Réponse : la rue de Saintonge. Ici vécut Pascal au **n° 13**, de 1648 à 1651. On ne sait trop ce qu'on doit célébrer le plus chez lui : le mathématicien, le physicien ou le philosophe ? C'est en tout cas ici qu'il a développé ses recherches sur le vide, donnant par la suite son nom à l'unité de pression : le "Pascal". L'Incorruptible lui, vécut au **64**, d'octobre 1789 à juillet 1791... bien avant qu'il ne succombe à son tour à la Terreur qu'il avait prônée (28 juillet 1794). Le bâtiment original, démoli en 1934 pour laisser place à la hideuse Poste toute proche, devait vraisemblablement ressembler aux immeubles de style XVIIIème qui l'encadrent (au n°s 62 et 66).

Turbigo (rue de)

Sur la façade du **57** rue de Turbigo, une belle sculpture étire sa silhouette démesurée. Quelle est-elle ? Nul ne le sait. Ange, cariatide ou génie ? Personne ne peut en effet dire ce que cette imposante statue représente. La seule chose dont on est sûr, c'est qu'elle s'étend sur trois étages, drapée à l'antique et soutenant le balcon situé au-dessus. Elle aurait été imaginée par un certain Auguste Del...ange (faut-il voir dans ce nom un indice sur la nature de la statue ou un pseudonyme bien trouvé ?) - et installée là lors de la construction de l'immeuble, en 1859. On pense aussi qu'elle fut créée initialement pour un concours des Beaux-Arts, lequel se proposait de réaliser un phare en l'honneur du physicien Augustin Fresnel, inventeur d'une lentille destinée aux phares de signalisation. Mais encore là, le doute reste entier puisqu'on n'a retrouvé nulle part trace d'un tel concours... ni d'un phare en l'honneur du physicien.

Autre loufoquerie-mystère du lieu : une triple plaque de rue sur le mur latéral de l'entrée du 57 - exemple unique à Paris... Pour ceux qui auraient des problèmes visuels ?

Volta (rue)

Pendant plus d'un siècle, on a cru que la belle maison située au **3** rue Volta était la plus vieille de Paris... La légende date du Second Empire, à une époque où se développe un important mouvement de préservation du patrimoine, le but étant de limiter les dégâts causés par les travaux du baron Haussmann. Et donc, sous l'impulsion de Victor Hugo en particulier, cette maison va être officiellement « datée » du XIIIème siècle - 1240 précisément - ceci afin de la préserver d'une éventuelle démolition. La supercherie/légende va tenir jusqu'en en 1979 lorsque des recherches prouveront qu'il s'agit en réalité d'un pastiche de maison médiévale, bâtie en fait au XVIIème (le cadastre prouvant que jusqu'en 1644 le terrain était vierge de toute construction et que ce n'est qu'à partir cette année que les propriétaires avaient pu faire édifier la maison). Bref, très vite la demeure se voit retirer le titre de « plus vieille maison de Paris »... au profit de la Maison de Nicolas Flamel (51 rue de Montmorency), qui date elle de 1407, soit de plus de 600 ans. Quant à celle de la rue Volta, elle, elle n'est aujourd'hui plus âgée que de 375 ans... Ce qui n'est déjà pas si mal.

4ème ARRONDISSEMENT

Anjou (quai d')

N° 17 : Hôtel de Lauzun, dit aussi « de Pimodan ». Construit à partir de 1656 par Louis Le Vau, l'architecte de Versailles, c'est ici que Baudelaire et Théophile Gautier participèrent aux séances du club des Hashishins, groupement voué particulièrement à l'étude et à l'expérience des « Paradis artificiels ». L'auteur des *Fleurs du Mal* vécut aussi plus loin au **n° 22** puis au **n° 9**, au même endroit que le sculpteur Honoré Daumier qui lui y résida de 1846 à 1863.

Aubry-le-Boucher (rue)

L'ouvrier cordonnier Jean-Jacques Liabeuf restera l'un des criminels les plus « originaux » du siècle dernier. Condamné à trois mois de prison et cinq ans d'interdiction de séjour pour proxénétisme alors qu'il était - semble-t-il - innocent, il jura de se venger des agents de la brigade des mœurs qui l'avaient faussement accusé. Bravant l'interdiction de séjour, il attira sciemment rue Aubry-le-Boucher l'attention de policiers qui cherchèrent alors à l'interpeller. Mal leur en prit : ils se meurtrirent sur les brassards hérissés de pointes d'acier que Liabeuf s'était fixés sur tout le corps. Au cours de la rixe qui suivit, il tua un agent et en blessa six autres. Condamné à mort, son exécution, le 30 juin 1910, donna lieu à d'imposantes manifestations ouvrières (10 000 manifestants à Paris), reconnaissant en Liabeuf un martyr du prolétariat... Etrange destin pour celui qui ne demandait qu'à être lavé de l'infamante accusation de proxénète.

Beautreillis (rue)

Le chanteur des *Doors,* Jim Morrison, en exil suite à ses démêlés judiciaires et à sa décision de quitter le monde de la musique, meurt dans un appartement de l'immeuble situé au **n° 17**, le 3 juillet 1971. Overdose ou crise cardiaque, mystère... En tout cas, il s'en va dans sa baignoire - comme Marat et Claude François !

Autre artiste scandaleux – et grande influence du susnommé Morrison – qui habita la rue : Baudelaire. Il vécut un temps au **n° 22** avec sa muse Jeanne Duval, pendant la période du procès des *Fleurs du Mal.*

Bourbon (quai de)

Philippe Soupault et Pierre Drieu La Rochelle, deux écrivains de la mouvance surréaliste (un temps pour Drieu, toute sa vie pour Soupault), vécurent quai Bourbon. L'un (Soupault) habita au **n° 41** et fut résistant sous l'Occupation, l'autre (Drieu La Rochelle) résida au **n° 44** et devint une plume littéraire des milieux collaborationnistes pendant la même période... Moralité : il faut de tout pour faire un monde.

Chanoinesse (rue)

En 1387, cette rue abritait les établissements voisins d'un barbier et d'un pâtissier. Le barbier avait pour client des étudiants étrangers logés par les chanoines voisins. Parfois l'un des étudiants disparaissait, victime de truands croyait-on.... Ce furent les aboiements d'un chien, brave toutou resté plusieurs jours et nuits à hurler à la mort devant la maison du barbier, qui attirèrent les soupçons. Son maître, un étudiant venu d'Allemagne, n'était jamais ressorti de l'établissement... Pressé de questions, le barbier finit par avouer : il égorgeait les jeunes gens qu'il recevait puis, par une trappe, basculait les corps dans sa cave, laquelle communiquait avec celle du pâtissier... lequel les dépeçait et en faisait de délicieux pâtés en croûte !
Les deux assassins furent brûlés vifs, au cri de la populace et des clients quelque peu dégoûtés par le pâtissier... et ses pâtisseries !

Charles V (rue)

Dans les fourneaux du **12** de la rue Charles-V mijota, pendant plusieurs années, une cuisine satanique. Marie-Madeleine Dreux d'Aubray, épouse du marquis de Brinvilliers, y exerça en effet ses talents d'empoisonneuse experte en sciences occultes. Son arrestation fut le prélude à la célèbre « Affaire des Poisons » qui éclaboussa et faillit faire vaciller le régime, jetant une... ombre sur le pouvoir du Roi-Soleil. Plusieurs personnalités éminentes de l'aristocratie furent impliquées, mais seule la marquise fut condamnée. Et décapitée en place de Grève, le 17 juillet 1676. Personnage à la fois fascinant pour les uns, émouvant et complexe pour les autres (son comportement plein de piété pendant son exécution), la marquise est en tout cas restée comme l'une des premières tueuses en série de l'Histoire - avec La Voisin, autre célèbre meurtrière empoisonneuse protagoniste de l'affaire.

Châtelet (place du)

En accédant à la station de métro Châtelet-Pont-au-Change, par l'entrée située à l'angle de l'avenue Victoria et de la rue St-Martin, on peut faire un saut de quatre siècles. En effet, une partie de l'ancien tunnel des Cagniards, quai construit en 1642, s'est retrouvée annexée et intégrée à la station lors du percement de la ligne n° 7. Louis XIII a toujours eu une réputation de grand bâtisseur visionnaire, mais tout de même...

Au niveau de l'actuel théâtre de la Ville Sarah-Bernhardt se trouvait jadis la rue de la Vieille-Lanterne. C'est ici que fut retrouvé, le 26 janvier 1855, Gérard de Nerval, pendu à la grille d'une échoppe. Il était vêtu d'un habit noir, de souliers vernis - et affublé d'un chapeau haut-de-forme ! Alors, ultime pied de nez du fantasque poète (qui avait l'habitude de se balader dans les rues de Paris avec un homard en laisse...), ou farce macabre d'un promeneur ? Le fait est que Gérard eut peut-être cette nuit-là une prémonition de ce qui allait lui arriver – témoin ses derniers mots (laissés à sa tante) : « Ne m'attends pas ce soir, car la nuit sera noire et blanche... ».

Figuier (rue du)

Rentrez dans la cour du **1** rue du Figuier et levez les yeux... Hé oui, un boulet datant des évènements révolutionnaires de juillet 1830 se trouve encastré dans un mur de l'Hôtel de Sens ! Laissé tel quel depuis près de deux siècles, on peut l'apercevoir au-dessus d'une des fenêtres sur la façade, apparition incongrue dans le calme de ces lieux qui accueillent la bibliothèque Forney.

Fleurs (quai aux)

Cet immeuble du très chic quai aux Fleurs (**n° 11**) porte le témoignage des amours contrariées d'Héloïse et Abélard, les Roméo et Juliette du Moyen Âge français. Héloïse, jeune fille de 16 ans, et Pierre Abélard, savant mathématicien de l'époque, tombent amoureux. Mais l'oncle d'Héloïse, le puissant évêque Fulbert, refuse leur relation. La jeune fille - enceinte - et Abélard sont obligés de s'enfuir. Hors de lui, Fulbert ordonne alors à ses serviteurs de les poursuivre et de châtier le malheureux Abélard.... Poussant la vengeance jusqu'à le châtrer ! A travers une correspondance continue, leur amour perdurera néanmoins... Jusqu'à ce qu'à la mort d'Abélard, le cercueil de celui-ci - sur ordre d'Héloïse - fut transporté à l'abbaye dont elle était devenue abbesse. En 1817, leur sépulture commune est déposée au cimetière du Père-Lachaise. Depuis, chaque année, elle est fleurie par les couples d'amoureux - en souvenir de cette union, symbole de l'amour impossible qui a su se jouer des éléments... Il faut tout de même savoir que la tombe en question est en fait toute « symbolique », les restes des amants n'ayant jamais été retrouvés... Et que la maison du quai aux Fleurs n'est pas vraiment d'époque : c'est une « reconstitution » du XIXème siècle.

Fourcy (rue de)

La *Maison Européenne de la Photographie* est LE centre d'exposition de Paris dédié au 8ème art. Ouvert en février 1996, il est animé par une association, « Paris Audiovisuel Maison Européenne de la Photographie », et est soutenu financièrement par la Mairie de Paris, qui met à sa disposition le bâtiment du **5/7** rue de Fourcy. Outre des expositions régulières consacrées aux grands noms de la photo, elle abrite une bibliothèque de 24 000 ouvrages, un auditorium de 100 places et une vidéothèque disposant d'environ un millier de films.

François-Miron (rue)

Etrange vision, au milieu de la très commerçante rue François-Miron, que ces deux grandes bâtisses étroites, faites de saillies et d'encorbellements... Typiques du Moyen Âge, n'est-ce pas ? Que nenni, sache Ô passant ébahi, que ces maisons ne sont là que depuis le début du XVIème siècle ! Côte à côte, estampillées l'une « A l'enseigne au Faucheur » (n° 11) l'autre « A l'enseigne au Mouton » (n° 13), ces habitations ont pourtant longtemps été considérées comme les plus anciennes de la capitale. Mais, l'étude poussée des archives a bien prouvé qu'elles n'étaient que le fruit de la nostalgie de ses constructeurs... Hé oui, déjà au XVIème siècle, on prônait le retour au passé. Qu'à cela ne tienne, elles sont tout de même superbes et conservent toute leur valeur patrimoniale.

Georges-Pompidou (place)

Le Centre national d'art et de culture Georges-Pompidou – communément appelé « Centre Beaubourg » – est un établissement polyculturel né de la volonté du président Pompidou. Grand amateur d'art moderne, celui-ci voulait créer au cœur de Paris une institution culturelle originale vouée à la création moderne et contemporaine. Les arts plastiques y voisinent avec les livres, le design, la musique et le cinéma. Les tuyaux extérieurs colorés constituent une particularité du bâtiment : du bleu pour les conduites d'air climatisé, du vert pour les tuyaux d'évacuation d'eau et du jaune pour les lignes électriques. Les ascenseurs eux sont rouges et les canalisations blanches sont des gaines de ventilation pour les parties souterraines. Même les poutres métalliques qui composent la structure sont apparentes, l'intention des architectes étant de placer les services de logistique hors du corps du bâtiment, ceci afin de consacrer la totalité de l'intérieur à sa vocation de musée. Hommage quelque peu décalé à l'architecture métallique du XXème siècle (il date de 1977) et à l'avant-garde artistique, le musée a pu être qualifié de dernier grand bâtiment moderne et de premier de l'ère post-moderne.

André Dupont, dit « Aguigui Mouna », né le 1er octobre 1911 à Meythet (Haute-Savoie) et mort le 8 mai 1999 à Paris, était un clochard philosophe qui, souvent à vélo, sillonnait les rues de Paris pour haranguer les foules. Dormant chez ses hôtes voire à la belle étoile, il connut son heure de gloire en mai 68. Après la création du centre Beaubourg, son point de ralliement principal devint l'esplanade faisant face au musée. Libertaire, pacifiste, écologiste avant l'heure, on a vu en lui à la fois « le dernier amuseur public de Paris » et, tel un nouveau Diogène, « le sage des temps modernes ».

Hôtel-de-Ville (place de l')

Installée en 1250 sur le quai de la Mégisserie, la « Maison aux Piliers » est acquise en 1357 par Etienne Marcel, riche prévôt des marchands et principal notable de la ville. Ancêtre de la Mairie de Paris, cette belle demeure devient alors le centre des institutions municipales, l'hôtel étant tout de même démoli puis reconstruit au XVIème siècle. Pendant la Commune de Paris (mars-juin 1871), le palais, archives et bibliothèque, fut réduit en cendres. Ainsi, les collections de l'état civil parisien antérieures à 1860 (celle de la ville et celle du greffe) furent à jamais perdues. Le bâtiment tel qu'on le connaît aujourd'hui a été rebâti - entre 1874 et 1882 - sur les plans des architectes Théodore Ballu et Édouard Deperthes. La façade principale, de style Renaissance, est une reconstitution à l'identique de celle du bâtiment disparu, agrandie et surélevée.

Hôtel-de-Ville (quai de l')

Le 24 août 1944 - prélude à la libération de Paris -, les éléments de tête de la 2ème Division blindée du général Leclerc piétinent à Antony, en banlieue sud. Sur ordre du général, le capitaine Dronne prend alors avec lui trois de ses sections, dont celle du lieutenant Amado Granell (146 républicains espagnols sur 160 hommes au total, la plupart anarchistes), et fonce sur la capitale. C'est la section de Granell (*La Nueve,* 9ème compagnie du régiment de marche du Tchad) qui parviendra la première sur la place de l'Hôtel de Ville, le 24 à 21 h 22.
Soixante ans plus tard, le 25 août 2004, la ville de Paris rend hommage aux espagnols de *La*

Nueve par une cérémonie et une plaque (« Aux républicains espagnols, composante principale de la colonne Dronne »). Celle-ci est inaugurée quai de l'Hôtel-de-Ville (à l'angle de la rue Lobau), en présence du maire de Paris, de l'ambassadeur d'Espagne, et de deux survivants de la colonne, Luis Royo Ibañez et Manuel Fernandez. (Dix autres plaques ont été depuis posées dans Paris, jalonnant le parcours de *La Nueve* à travers la capitale.)

Hôtel-de-Ville (rue de l')

Au **n° 56** rue de l'Hôtel-de-Ville (anciennement rue de la Mortellerie) subsistent les vestiges de l'Hôtel des Barres. L'ensemble (entourant et incluant l'hôtel) constituait le siège de la commanderie des Templiers, construite par l'Ordre au XIIIème siècle. On peut y voir encore une étrange cave ogivale qui servait probablement pour les cérémonies.

En novembre 1946, les quelques centaines de compagnons qui avaient survécu à la guerre décidèrent de se constituer en association ouvrière des Compagnons du Tour de France. C'est cette société (sise au **n° 82**) qui - groupant des artisans nostalgiques de leur splendeur passée - est l'héritière des bâtisseurs des cathédrales et de leur conception sacrée du travail.

Jean-Paul II (place)

La Fête des Fous, ou Fête des Innocents, était une mascarade organisée par le clergé et à laquelle les ecclésiastiques eux-mêmes participaient activement. Attestée dans beaucoup de villes du Nord de la France dès le XIIème siècle, cette pratique s'étendit rapidement des lieux de culte à la rue - favorisant la création de troupes d'écoliers dans les collèges et de basochiens dans les milieux juridiques. Les historiens voient dans ces parodies liturgiques dérivées des Saturnales romaines une des origines médiévales du théâtre. En tout cas, ce jour-là, pendant vingt-quatre heures, le peuple s'arrogeait les privilèges réservés aux membres de la très puissante Église catholique romaine. Au point culminant de la fête, les farceurs élisaient le Pape des Fous, souvent un profane ou un étudiant, lequel conduisait une procession débridée et paillarde à travers les rues de la ville... C'est sur le parvis de Notre-Dame (place Jean-Paul II) que Victor Hugo plonge ses lecteurs, dans l'atmosphère de liesse populaire de cette Fête des Fous qui ouvre son célèbre *Notre-Dame de Paris*.

Sur ce même parvis (**n° 1**), l'Hôtel-Dieu est un établissement hospitalier construit en 1878, sous la conduite des architectes E. Gilbert et A.-S. Diet. Il est le continuateur de l'ancien Hôtel-Dieu et peut être par conséquent considéré comme le plus ancien hôpital de la capitale, l'établissement d'origine ayant été créé en 651. Ce dernier, symbole pendant des siècles de la charité et de la bienfaisance, se trouvait à l'emplacement de l'actuel square Charlemagne - juste en face de la cathédrale.

Le Regrattier (rue)

Non, l'ancienne dénomination de la rue Le Regrattier, ici gravée dans la pierre au coin du quai de Bourbon (« Rue de la Femme Sans Tête »), ne vient pas de la présence de la statue décapitée juste en dessous... La tentation est en effet forte de voir dans cette effigie ladite femme acéphale. Mais en fait 1) la statue représente Saint-Nicolas, et donc un homme et 2) en réalité, le nom vient d'une enseigne d'un cabaret de la rue, qui représentait une femme décapitée, tenant un verre à la main et avec la devise « Tout est bon ». Autrement dit : « d'une femme sans tête, rien de mauvais ne peut arriver »... Misogynie, quand tu nous tiens !
Pour la petite histoire, la tête du St-Nicolas fut elle brisée pendant la Révolution - par le conventionnel anticlérical Jean-Sébastien Cofinhal, qui habitait à proximité.

Lombards (rue des)

Au n° **58**, coincé entre deux hôtels de passe, un magasin de disques exista de 1972 à 1977, à la hauteur de la rue des Lombards et de la rue Saint-Denis. L'*Open Market*... Lieu indissociable du mouvement punk des années 70 – avec les boutiques *Harry Cover* (12 rue des Halles) et

Parallèles (47 rue Saint-Honoré). Ce magasin fut dirigé par Marc Zermati, LE précurseur du mouvement en France – organisateur en particulier des emblématiques festivals de Mont-de-Marsan (1976 et 1977). Il fut aussi le premier à avoir fait jouer les Clash en France. Un certain fin observateur des lieux, Malcolm McLaren, ramènera d'ici ce qu'il y avait vu et entendu et en fera une mode musicale et vestimentaire pour les « mannequins » (Sid Vicious, Siouxsie...) de sa boutique de Londres. Et pour le groupe-phare de ce style musical, dont il était le manager : Les Sex Pistols. Le mouvement, initialement né à New-York et à Paris, pouvait être lancé... Quant au précurseur et puriste Zermati, il préfèrera lui fermer sa boutique en pleine furia punk - considérant sa mission accomplie.

Pavée (rue)

Etonnant exemple de l'Art Nouveau - ici, l'art moderne au service de la religion -, que la synagogue de la rue Pavée... Elle fut construite au **n° 10** en 1913, par Hector Guimard, le représentant majeur du mouvement en France. La façade et les fenêtres, associées entre elles par couple, évoquent les Tables de la Loi - l'ensemble extérieur multipliant courbes et contre-courbes. Pour visiter l'intérieur, il faut montrer patte blanche et s'adresser au Consistoire.

Père-Teilhard-de-Chardin (place du)

Dans son hommage à Arthur Rimbaud, s'inspirant de la célèbre formule de Verlaine qui surnommait son ami, « l'homme aux semelles de vent », le sculpteur Jean-Robert Ipoustéguy s'est permis un clin d'œil en imaginant un très oulipien calembour. L'oeuvre est en effet intitulée « L'homme aux semelles devant », jeu de mot qui, à l'époque de l'inauguration du monument, fut jugé par certains indigne du poète... A tel point qu'une rumeur circule depuis, celle d'une erreur de transcription lors de la commande. Quoi qu'il en soit, le poète est « précédé » de ses jambes et de ses pieds tandis que, rêveur alangui dans l'impassibilité de l'horizontalité, il laisse pendre une main. Les jambes détachées du corps, « évocation du mouvement, suggèrent les aspirations au voyage mais également la fin tragique du poète à Marseille, emporté par la gangrène. La déstructuration des formes qui se réassemblent dans une synthèse inattendue de concepts opposés, se fait alors éloge de la liberté »... Hé oui, rien que ça !

Prévôt (rue du)

Anciennement appelée "rue Percée", cette voie a pris son nom actuel en 1877, en souvenir du prévôt Hugues Aubriot - à qui l'on doit notamment le Pont Notre-Dame et la pose de la première pierre de la Bastille. Avec ses bouteroues (bornes de pierre protégeant les façades des roues des carrosses), son caniveau axial et ses vieilles maisons, c'est à un véritable voyage dans le temps qu'elle nous convie, au coeur du quartier du Marais. Sa largeur, inférieure à 3 mètres, se réduit jusqu'à 1m80 à certains endroits et - exception faite de quelques maisons plus récentes - toutes ses constructions datent de l'époque médiévale. Elle est donc, à juste titre, considérée comme la rue la plus moyenâgeuse de la capitale.

Rosiers (rue des)

A l'angle de la rue des Rosiers (**n° 7**) et de la rue Ferdinand-Duval, la façade aux petits carreaux jaunes est immanquable. C'est en effet l'adresse de l'ancien restaurant *Jo Goldenberg*. Véritable institution du Marais, ce dernier était connu pour sa cuisine traditionnelle ashkénaze. Déjà tenu par le père de Jo Goldenberg dans les années 30, sa devanture incarne encore l'esprit du quartier, malgré la fermeture de l'établissement en 2006 et son remplacement par... un magasin Leroy Merlin. Douloureuse mémoire aussi, puisque le restaurant avait été marqué par l'attentat antisémite du 9 août 1982, lequel avait fait six morts et vingt-deux blessés... Depuis 2011, une plaque à la mémoire des victimes a été posée sur la façade, elle-même classée monument historique.

Ne pas manquer aussi la superbe devanture en mosaïque bleue du traiteur *Chez Florence*.

Située au croisement de la rue des Rosiers (**n° 21**) et de la rue des Ecouffes, elle est elle aussi inscrite au patrimoine. On vient ici pour un *strudel* aux pommes, une *vatrouchka* (gâteau russe à base de fromage blanc), des blinis, un *goulash* ou un roulé au pavot ou aux dattes. Car Florence Kahn propose le meilleur de la gourmandise yidishisante d'Europe Centrale - de Pologne et de Russie en particulier. Dégustation en terrasse : quand le temps est au beau fixe, c'est un vrai régal – pour les papilles... et pour les yeux (avec la vivante rue des Rosiers en perspective).

Tour-St-Jacques (square de la)

Si l'église Saint-Jacques-de-la-Boucherie à laquelle elle appartenait a été détruite, la tour du même nom elle subsiste toujours, dans le square - lui aussi du même nom ! Ancien clocher, hiératique et mystérieuse, on dit que la tour ne fut pas détruite avec le reste de l'église en l'honneur de Blaise Pascal qui continua d'ici ses expériences sur la pesanteur (commencées dans sa région du Puy de Dôme). Haute de 52 mètres, elle est devenue station météo mais conserve encore une fonction religieuse forte... C'est en effet un point de départ pour les pèlerins en route vers Saint-Jacques-de-Compostelle.

Verrerie (rue de la)

Telle que nous la connaissons aujourd'hui, l'église St-Merri (**76** rue de la Verrerie) date de la Renaissance, mais son style gothique flamboyant renvoie clairement au Moyen Âge. C'est surtout la façade et ses détails qui attirent l'attention... En particulier cette petite figure de Baphomet, au sommet du portail. Mais, comment donc un objet renvoyant à l'image de Satan, peut-il se retrouver sur la devanture d'une église ? Tout simplement parce que celui de St-Merri n'est pas vraiment un diable à proprement parler. Ici, le personnage représenté est une créature mi-homme mi-femme... avec un sexe en érection et une poitrine de femme ! Peut-être faut-il alors se tourner vers l'étymologie du mot « Baphomet », qui signifie « baptême de sagesse » : l'hermaphroditisme est alors considéré comme la réunion en un seul être des deux natures humaines et donc – partant - comme une image de la perfection... Pourquoi pas ? Quoi qu'il en soit, l'église n'a rien de diabolique - elle accueille toujours des événements religieux, mais aussi des concerts, des représentations théâtrales et des expositions d'art contemporain. La paroisse est aussi connue pour son aide aux homosexuels et aux étrangers en situation irrégulière.

Vosges (place des)

Victor Hugo, qui déménagea souvent, vécut ici de longues années. Au **6** de ce qui s'appelait alors encore la place Royale, l'écrivain habita - du 8 octobre 1832 au 1er juillet 1848. Il louait un appartement de 280 m², au deuxième étage de l'hôtel de Rohan-Guéméné, appartement dans lequel il vécut très bourgeoisement, avec son épouse Adèle et leurs quatre enfants... Ainsi que trois domestiques, une cuisinière et deux femmes de chambre logées dans des chambres de bonne, sous les combles ! Bref, c'était loin d'être la vie de bohème pour le poète... L'appartement a depuis été transformé en musée qui lui est bien sûr consacré.

C'est aussi place des Vosges, au cœur du Marais, qu'un autre écrivain a laissé sa trace : une mystérieuse inscription gravée dans la pierre : « 1764 NICOLAS »... Cette épigraphe, considérée comme le plus ancien graffiti (graffito ?) de la capitale, est inscrite sur l'arcade extérieure du pilier situé entre les nos 11 et 13. Il est l'oeuvre de Nicolas-Edme Restif de la Bretonne, auteur connu pour avoir fait de ses aventures galantes une vaste production littéraire. Ses deux passions : écrire des histoires érotiques dont l'inspiration lui venait de ses propres aventures et graver ses pensées sur les murs de la ville ! Dans son journal intime, Restif parle notamment de centaines de graffitis qu'il a laissés sur les murs de l'Île Saint-Louis, durant des décennies. Ces derniers étaient destinés à révéler au monde son amour pour une certaine Sara, la fille de sa logeuse. Il y en aurait eu autant parait-il, voire plus, dans le reste de la ville ; mais l'inscription de la place des Vosges est la seule à nous être parvenue... Emouvant témoignage de cet écrivain libertin, premier graffeur de l'Histoire.

Autres célébrités ayant habité ou habitant encore la place : Mme de Sévigné (**n° 1 bis**), Théophile Gautier (**n° 8**) et Georges Simenon (**n° 21**). Mais aussi : les compositeurs Marc-Antoine Charpentier et François Couperin, l'homme d'église Jacques-Bénigne Bossuet, la tragédienne Rachel, les écrivains Alphonse Daudet et Colette, la danseuse Isadora Duncan, l'humoriste Francis Blanche, les journalistes Jean-Edern Hallier et Anne Sinclair, les anciens ministres Dominique Strauss-Kahn et Jack Lang...

5ème
ARRONDISSEMENT

Bernardins (rue des)

Paroisse officieuse du lefebvrisme, cet édifice religieux est occupé illégalement depuis 1977 - par des catholiques proches de l'extrême droite que ni l'Etat ni Rome ne parviennent à expulser. Car, dans cette belle église baroque du **23** rue des Bernardins devenue place forte du catholicisme intégriste, les trois messes quotidiennes sont célébrées en latin, selon le rite tridentin...

Et après tout pourquoi pas ? Ce qui n'empêche pas de conclure : St-Nicolas du Chardonnet - avec foi mais sans loi !

Bièvre (rue de)

Trente-six ans après le 10 mai 1981, le souvenir de François Mitterrand plane toujours sur la rue de Bièvre, où l'ancien président avait élu domicile (**n° 22**). L'asphalte garde la marque de la barrière qui interdisait le passage aux voitures pendant les deux septennats, de 1981 à 1995. A partir de 1996, un simple « D. M. » signalait la présence de sa veuve, Danielle, qui y vécut aussi jusqu'à sa mort. Calme, cette petite rue tient son nom de la rivière Bièvre, un ancien affluent de la Seine qui coulait dans les 5ème et 13ème arrondissements et qui fut recouverte en 1912 - essentiellement pour des raisons sanitaires.

Bûcherie (rue de la)

La librairie *Shakespeare & Co* existe depuis 1919. Anciennement situé rue Dupuytren (1919-1921) puis rue de l'Odéon (1921-1941), elle fut transférée ici au **37** rue de la Bûcherie par George Whitman, un bibliophile originaire de... Salem, Massachusetts ! Henry Miller la décrivait comme « le pays enchanté des livres » et Hemingway en parle longuement dans son *Paris est une Fête*. De nos jours, elle continue d'être le lieu de rencontres des américains en goguette et des adeptes de littérature anglophone, en particulier des écrivains de la *Beat Generation*. On y trouve depuis quelques années un café qui rend l'endroit encore plus convivial.

A côté, au **n° 39**, curieuse maison du XVIème siècle, une des plus petites de Paris mais aussi une des plus pittoresques, avec son rez-de-chaussée, ses deux mansardes et son grand toit pentu. Au-dessus de celui-ci on aperçoit, au fond à gauche, un étonnant vieil escalier mi-extérieur mi-intérieur datant lui aussi du XVIème. Les lieux abritent maintenant un restaurant très couru, « Le Petit Châtelet ». Quant à la petite maison attenante, elle aurait un temps accueilli l'atelier du peintre Corot.

Buffon (rue)

Une table bien mystérieuse, en calcaire monolithique, trône dans un coin du Jardin des Plantes (**18**, rue Buffon). Elle est circulaire, en forme de meule, et incroyablement lourde. C'est la table de Plaisanterie. Non, non, ce n'en est pas une - de plaisanterie je veux dire... -, Plaisanterie était juste une jument... Bon, explication : un jour de 1885, l'animal s'arrête brusquement en forêt de Chantilly, fixe le sol un moment et gratte frénétiquement le terre avec ses sabots. Des fouilles sont alors entreprises et à deux mètres de profondeur, on déterre une (cette) table. Alors quoi, servait-elle au partage du gibier lors des chasses à courre ? Provenait-elle du proche château de Beau Larris, rasé pendant la guerre de Cent Ans ? Quoi qu'il en soit, on ne put jamais résoudre l'énigme de la table de Plaisanterie. Autre chose qui surprend, c'est son incroyable sonorité. Frappez-la, juste du doigt, et écoutez ce son étrange, véritable phénomène vibratoire...

Carmes (rue des)

Voici, au 2ème étage de l'Hôtel de Police (**1 bis** rue des Carmes), un musée à parcourir comme on lit une « Série Noire »... Créé en 1909 à l'initiative du préfet Lépine (oui, celui du concours du même nom), il rassemble sur 300 m² plus de 2 000 documents relatifs aux affaires criminelles de la capitale. Entre les affaires de la Bande à Bonnot, de Landru et de Marcel Petiot (mais aussi celles du Collier de la Reine ou du Courrier de Lyon), on y respire - calmement - l'air délicieux et édifiant du crime...

Champollion (rue)

Au coin de la rue Champollion (**n° 1**) et de celle des Ecoles (n° 51), le *Champo - Espace Jacques-Tati* est un cinéma indépendant d'Art et Essai - LE cinéma « historique » du quartier. Il ouvre sa première séance le 22 juin 1938 et est repris l'année suivante par Roger Joly, un industriel de l'éclairage passionné de cinéma. François Truffaut déclara que ce cinéma fut son « quartier général » et Claude Chabrol sa « seconde université ». La programmation fait une large place aux rétrospectives et propose de larges cycles dédiés aux grands réalisateurs (Jacques Tati, Kurosawa, David Lynch, H.-G. Clouzot, Sacha Guitry, Marcel Carné, Woody Allen - cycle qui dura près de 2 ans ! -, Stanley Kubrick, Claude Chabrol, Martin Scorsese, Luis Buñuel, etc...) ou aux acteurs (Clint Eastwood, Marlene Dietrich, Jack Nicholson, Michel Simon...). Des générations d'étudiants ont découvert les classiques du 7ème art dans ses deux chaleureuses petites salles.
A la fin du siècle dernier, la survie du cinéma fut menacée par des projets immobiliers au moment du renouvellement du bail. La façade et les salles furent alors classées par un arrêté du 7 avril 2000, ce qui acheva de pérenniser l'activité et sauva le *Champo*.

Deux autres salles de la rue Champollion contribuent aussi à faire de cette petite voie la

Mecque des cinéphiles parisiens : Le *Reflet Médicis* au **n° 3** (jolie façade avec dans une des salles un superbe vitrail Art nouveau vintage) et la *Filmothèque* (**n° 9**), avec ses deux jolies salles (la *Marilyn Monroe* - rouge écarlate ; et la *Audrey Hepburn* - bleu profond).

Chat-qui-Pêche (rue du)

Avec son nom pittoresque, que l'on croirait tout droit sorti d'une nouvelle d'Edgar Allan Poe, la rue du Chat-qui-Pêche parle à notre imaginaire. Mais ce n'est pas son seul atout puisque cette drôle de voie serait aussi l'une des plus étroites de Paris, sa largeur maximale n'excédant pas 1m80. Ouverte en 1540, elle devrait son nom à l'enseigne d'une boutique qui faisait allusion à un proverbe alors en vogue : « aller voir pêcher les chats », expression se référant à quelqu'un qui se laisse persuader facilement. Ou alors, proviendrait-il de cette ancienne légende d'un chanoine vivant jadis ici en compagnie d'un chat noir à l'agilité proverbiale : d'un coup de patte, il pêchait les poissons de la Seine toute proche ?... Quoi qu'il en soit, sa longue et légendaire histoire justifie son étroitesse : elle date en effet d'une époque où les maisons, serrées les unes contre les autres, ne laissaient guère de place pour tracer des chaussées plus larges.

Contrescarpe (place de la)

Enseigne d'un ancien magasin de café déployée sur une façade de la place de la Contrescarpe (**n° 12**), *Au Nègre Joyeux* représentait un serviteur noir au large sourire et une femme blanche tenant un plateau d'argent à la main... Suite aux multiples dégradations dont elle fit l'objet et en tant que « image raciste insoutenable », ce tableau-panneau datant de 1812 a finalement être décroché, en mars 2018. Au Conseil de Paris, le groupe communiste qui y voyait un vestige de l'histoire coloniale a fait adopter un vote pour demander qu'il ne soit pas raccroché et exposé en pleine rue. Après plusieurs rencontres de concertation, le projet initié par le budget participatif sera finalement respecté : la plaque restaurée devrait être réinstallée sur l'immeuble avec un texte explicatif. Mais rien n'est moins sûr puisqu'un an plus tard, la façade reste désespérément « vide »... Alors, *Au Nègre Joyeux* » va-t-il subir le même sort que la « Tête de Nègre », cette fameuse pâtisserie rebaptisée, pour les mêmes raisons, « Meringue au chocolat » ? Le suspens est à son comble...

Cujas (rue)

Après la guerre de 1870, il se créa à Paris de nombreux clubs littéraires dont l'un des plus importants était celui de la rue Cujas, tant par sa durée que par les artistes qui en firent partie (Laurent Tailhade, Charles Cros, Léon Bloy, Paul Bourget, les frères Allais). Le club en question, créé par Émile Goudeau le 11 octobre 1878, choisit le nom d' *Hydropathes* - autrement dit et étymologiquement parlant : « Ceux que l'eau rend malades » !

- Pourquoi votre société a-t-elle pris le nom d'Hydropathe ? demande-t-on à l'un de ses membres.

- Hé bien parce qu'elle a Goudeau*, et qu'elle tient ses séances à l'Hôtel* Boileau !

Hé oui, les Hydropathes ne connaissaient pas l'esprit de sérieux, ils pratiquaient plutôt l'art du calembour, du je-m'en-foutisme et de la dérision. Dans leur revue, on trouvait les poésies ou monologues de ses membres et la présentation, à chaque numéro, d'une personnalité proche du groupe (André Gill, Sarah Bernhardt, etc...). Le club se réunissait principalement dans un café du Quartier Latin (à l'angle de la rue Cujas et du boulevard St-Michel) mais, après une série de chahuts provoqués par le trio Jules Jouy-Sapeck-Alphonse Allais, celui-ci disparut (1880). L'année suivante, la plupart de ses anciens affiliés se retrouvèrent au *Chat Noir*, nouvel établissement ouvert par Rodolphe Salis.

Descartes (rue)

C'est ici, au **n° 18**, que le poète Paul Verlaine (1844-1896) s'installa en septembre 1895 - après des années passées entre galetas et séjours à l'hospice. Il y meurt dans la misère, d'une pneumonie aiguë - le 8 janvier 1896. Une plaque et un restaurant à son nom signalent sa présence. Autre habitant des lieux, présumé celui-là : l'écrivain Ernest Hemingway qui y aurait séjourné dans les années 20 (deuxième domicile dont on est pour le coup tout à fait sûr : quelques rues plus bas, au 74 rue du Cardinal-Lemoine).

Galande (rue)

La rue Galande possède un bel ensemble de quatre maisons à pignon (aux n^{os} **31, 33, 35 et 37**), datant toutes des XV et XVIème siècles. La maison du 31, dite des *Trois Pucelles*, se distingue par la forme débordante du pignon qui la coiffe, soutenu par deux paires de consoles de bois sculpté. Connue sous l'enseigne de *La Levrette*, celle du 33 possède quatre étages, dont un sous comble. Les petites fenêtres basses et étroites étaient bien une pratique du XVIème siècle mais les bandeaux moulurés séparant les étages sont eux postérieurs à la construction.
A noter aussi, au n° **42**, un bas-relief en pierre encastré illustrant la légende de St-Jean l'Hospitalier traversant une rivière avec le Christ, dans sa barque (celle de St-Jean, pas du Christ)... Bon, trêve de plaisanterie, c'est tout de même la plus ancienne enseigne (ouf !) subsistant à Paris ; elle est en effet mentionnée dès 1340.

Au n° **79**, St-Julien-le-Pauvre est considérée elle comme la plus ancienne église de Paris. Créée au VIème siècle afin d'accueillir les pèlerins, les invasions normandes vandalisent ses bâtiments, lesquels sont cédés, vers 1120, aux moines de l'abbaye de Longpont. L'église, reconstruite en 1170, est alors vouée à

Saint-Julien-l'Hospitalier, dit « Le Pauvre ». Au XIIIème siècle, après la création de l'Université de Paris toute proche, St-Julien devient le lieu de réunion et de réflexion à la mode. Dante et Thomas d'Aquin ont dû la fréquenter. Mais quand l'Université part sur la Montagne Ste-Geneviève, elle tombe peu à peu en désuétude et, devenue simple chapelle, elle est cédée à l'Hôtel-Dieu (1655). La Révolution l'ayant entre-temps transformé en magasin à sel, elle ne sera rendue à sa fonction première qu'en 1826. En 1889, elle est finalement dédiée au culte grec melkite catholique, qui dépend du patriarche d'Antioche.

Gay-Lussac (rue)

Des fouilles menées en 2002 par l'Institut National de Recherches Archéologiques Préventives (INRAP) ont mis au jour, au **n° 64** de la rue Gay-Lussac, quelques vestiges gallo-romains datant des Ier et IIème siècles - notamment des piles de l'aqueduc d'Arcueil contournant la Montagne Ste-Geneviève. C'est aussi cette même rue Gay-Lussac qui fut le théâtre des principaux et plus violents affrontements entre manifestants et forces de l'ordre, au cours des évènements de mai 1968... Soit, mais quel rapport entre ces deux informations, se demande le lecteur interloqué ?... Aucun, mais c'est tout de même à noter !

Geoffroy-Saint-Hilaire (rue)

Qui l'eût cru ? Jusqu'à la fin du XIXème siècle, Paris regorgeait de crapauds, lesquels crapauds étaient une « marchandise » très appréciée... De fait, après les jours de grande pluie, se tenait un marché exclusivement réservé à ce batracien, rue Geoffroy Saint-Hilaire, sur un terrain vague proche du jardin des Plantes. Les clients ne manquaient pas. Les acheteurs étaient des jardiniers et des maraîchers désireux de se débarrasser des pucerons et autres bestioles néfastes à leurs plantations, bestioles dont ces batraciens ont toujours été de gros consommateurs. Fait plus étonnant, on y rencontrait beaucoup de clients anglais... La réputation du crapaud parisien n'était alors plus à faire - ayant même traversé la Manche (la réputation et le crapaud...).

Dans l'enceinte du jardin, on rencontre deux lions, sculptés en 1857 par Alfred Jaquemart. Ils ont pris place au sommet d'une fontaine. Placide, celui de droite flaire, non pas une plante du jardin, mais... les pieds d'un cadavre humain ! Ça, c'est ce qu'on appelle du réalisme.

Monge (rue)

Au **12** rue Monge est née - non pas Al-Mansur, le calife abbaside - mais Lucette Almanzor (de son vrai nom Lucie Almansor), dernière épouse de l'écrivain Louis-Ferdinand Destouches, alias Céline. Après la mort de son mari en 1962, dévastée par le chagrin et ne pensant pas lui survivre bien longtemps, elle fit graver sur leur tombe commune : « LUCIE DESTOUCHES NÉE ALMANSOR 1912-19.. ». A ce jour (mai 2018), Lucette est toujours de ce monde et file vers ses 106 ans…

Montagne Ste-Geneviève (rue de la)

Un matin de 1953, sur le mur de l'Institut de France, on put lire en grandes lettres tracées à la craie : « Ne travaillez jamais ! ». Le graffiti, œuvre du jeune Guy Debord (1931-1994), résumait à lui seul le mouvement dont il fut l'initiateur, l'Internationale Situationniste. Tournant en dérision l'art contemporain, l'IS (1957-1972) s'orienta vers une critique de la société du spectacle. Elle promouvait aussi la lutte contre toute forme d'aliénation sociale, en proposant à chacun de se réapproprier sa propre vie (les fameuses « situations » - c'est-à-dire des « moments de vie » à créer soi-même, à la fois singuliers et éphémères). Concept un peu abscons mais pas du tout fumeux puisqu'il marqua en profondeur l'avant-garde artistique de cette deuxième moitié de XXème siècle… Ces empêcheurs de tourner en rond se réunissaient dans de nombreux cafés de la capitale, et en particulier au *Tonneau d'Or* (**32** rue de la Montagne Ste-Geneviève), qui fut longtemps leur principal point de ralliement.

Mouffetard (rue)

C'est dans cette petite église en apparence bien calme, au **141** rue Mouffetard, que se déroulèrent les épisodes d'une histoire bien curieuse : celle des convulsionnaires de St-Médard. En 1727 le diacre de la paroisse, François Pâris, fervent janséniste vivant dans la pénitence et l'ascétisme, s'éteignit - des suites probables de ses mortifications volontaires. Rapidement, des jeunes filles furent prises de convulsions sur sa tombe et un véritable culte se mit en place. L'exaltation monta et on assista à des scènes d'hypnose collective, des dizaines de personnes se livrant à des expériences délirantes : dévorer la terre de la tombe, avaler des chardons ardents, se faire clouer sur une croix... Ces scènes durèrent cinq ans, jusqu'à ce qu'en 1732, les autorités fissent fermer le charnier attenant à l'église. Le lendemain, les paroissiens pouvaient lire, clouée sur la porte de leur église, la patente suivante : « De par le Roi, défense à Dieu de faire miracle en ce lieu »... Nouveau miracle : les scènes d'hystérie collectives cessèrent automatiquement - certainement déplacées dans le cadre de maisons privées. Edifiante histoire, n'est-il pas ?... Car, qui aurait cru que l'austérité bien réelle des jansénistes ne cache de telles extravagances – extravagances qu'on avait jusque là plutôt crues réservées au culte catholique ?

Panthéon (place du)

Dédiée à Ste-Geneviève et conçu par Soufflot, l'église royale de cette place fut transformée à la Révolution en demeure des hommes illustres : Mirabeau, Voltaire, Rousseau... En 1806, Napoléon la restaura au culte catholique. Vingt-quatre ans plus tard, elle fut retransformée en Panthéon national... Retour à la case départ, en 1851, Napoléon III lui fait retrouver sa vocation religieuse première ! Et enfin, en 1885, lors des obsèques de Victor Hugo, la IIIème République met un terme final à tout ce remue-ménage. Retour au concept de panthéon : l'église est aujourd'hui un St-Denis républicain et laïc. Jusqu'à quand, pourrait-on se demander...

Face au Panthéon, à deux pas du Jardin du Luxembourg et de la Sorbonne, l'*Hôtel des Grands Hommes* est aussi un lieu d'Histoire... de la littérature. Ici vécut en effet le père (et pape) du mouvement surréaliste, André Breton. Il y écrivit son manifeste *Les Champs Magnétiques*, « en duo » avec son compère Philippe Soupault. Livre de jeunesse au sens fort du terme (1920) et fruit des premières applications systématiques de l'écriture automatique, il est considéré comme le premier ouvrage du mouvement. Une plaque apposée sur place au **n° 17** en témoigne.

Paul-Langevin (square)

Attardons-nous dans ce beau square du 5ème arrondissement, auprès de sa fontaine (1714), des vestiges de l'ancien Hôtel-de-Ville brûlé pendant la Commune et de ses statues. L'une d'elle représente François de Montcorbier, alias François Villon, littérateur moyenâgeux à la vie tumultueuse (grand poète et petit voyou). Cette étonnante statue - notez la mine sournoise de petite frappe des bas-fonds - est une commande de L'État au sculpteur René Collamarini (1946). La précédente œuvre, sûrement trop subversive aux yeux des autorités de l'époque, avait été fondue sous l'Occupation.

Paul-Painlevé (square)

Créée en 1933 en hommage à Montaigne, une sculpture trône tout contre le square Paul-Painlevé (au niveau du 56 rue des Ecoles). Initialement en plâtre et oeuvre du sculpteur Paul Landowski, elle a été remplacée en 1989 par une réplique en bronze. Le philosophe est représenté assis, jambes croisées, avec à ses pieds une de ses citations : "Paris a mon coeur dès mon enfance. Je ne suis français que par cette grande cité, grande surtout et incomparable en variété, la gloire de la France et un des plus beaux ornements du monde." Montaigne était originaire du Périgord mais, apparemment, amoureux de Paris...
Avez-vous remarqué la chaussure droite du philosophe - combien elle est lustrée ? Non, ce ne sont pas les caresses multiples et répétées des parisiens qui viennent le remercier pour son amour de la capitale... Ce sont simplement celles des étudiants de la Sorbonne (dont l'entrée se trouve tout juste en face), étudiants qui pensent

que ce geste leur portera bonheur pour leurs examens.

Poissy (rue de)

Le Collège des Bernardins (**20** rue de Poissy) est un ancien bâtiment de l'historique Université de Paris. Fondé en 1248 par Étienne de Lexington, abbé de Clairvaux, il servit jusqu'à la Révolution de résidence aux moines cisterciens étudiants à la Sorbonne. Après une rénovation complète en 2008, c'est devenu un lieu de formation et de culture proposant un vaste programme de conférences, d'expositions et de concerts - ainsi qu'un centre de formation théologique et biblique. Le collège a fait l'objet d'un classement au titre des monuments historiques (10 février 1887) et est considéré depuis comme un des plus beaux témoignages d'architecture moyenâgeuse à Paris.

Poliveau (rue)

Dans *La Traversée de Paris*, ce sont six kilomètres, de la rue Poliveau jusqu'à la rue Lepic, que parcourent, avec leur chargement de cochons, deux larrons (Jean Gabin et Bourvil) - durant une nuit de 1943. Extrait du monologue de Grandgil-Gabin : « Monsieeeeuur Jambier, **45** rue Poliveau, pour moi, ce sera mille francs !

Monsieur Jambieeeer, 45 rue Poliveau, maintenant c'est deux mille francs. Je voulais dire trois mille. Oh !! C'est plus lourd que je pensais, je crois qu'il va me falloir deux mille francs de plus ! »... Alors, un chef d'œuvre du 7ème art, le film de Claude Autant-Lara ? Non, juste une jolie petite madeleine de Proust, avec Louis de Funès dans le rôle du pingre Jambier...

Pot-de-Fer (rue du)

On cherchera en vain la rue du Coq-d'Or sur un plan de Paris. Cette adresse imaginaire qu'Eric Blair utilisa dans son livre enquête *Dans la dèche à Londres et à Paris* est inspirée de la rue du Pot-de-Fer, où il vécut en 1928. Il loge alors à l'*Hôtel des Trois Moineaux* (au **n° 6**), « une sorte de taupinière sombre et délabrée, abritant, sur cinq étages, quarante chambres délimitées par des cloisons de bois et vouées à la saleté ». Au contraire d'Hemingway qui loge un peu plus loin, Paris n'est pas vraiment une fête pour lui... Blair boit des coups de rouge avec les ouvriers et vit chichement de ses quelques économies. Mais, c'est bien en s'immergeant dans les milieux populaires de la capitale qu'il va passer du statut de journaliste à celui d'écrivain. Et George Orwell peut commencer sa carrière...

Puits de l'Ermite (place du)

Pour une pause thé à la menthe dans un cadre hispano-mauresque, entrez dans la seule mosquée de Paris ouverte aux visiteurs. Inspirée de celle d'El-Qaraouiyyîn à Fès (une des plus anciennes au monde), son minaret de 33 mètres de hauteur est lui une quasi réplique de la mosquée Zitouna de Tunis. L'édifice rassemble une salle de prière décorée, une madrassa (école), une bibliothèque, une salle de conférence, des jardins arabes d'une superficie totale de 3 500 m² et des annexes : restaurant, salon de thé, hammam et boutiques. Le gouvernement la fit construire au lendemain de la Première Guerre mondiale en hommage aux 100 000 musulmans qui perdirent la vie au combat. Atmosphère garantie toute empreinte de... paix.

René-Viviani (Square)

Au cœur du Quartier Latin, un autre « parisien » regarde la ville se transformer depuis plus de quatre siècles. C'est le plus vieil arbre de Paris - que l'on peut contempler square Viviani, à deux pas de Saint-Michel et de l'Île de la Cité. Ce robinier venu d'Amérique du Nord fut planté en 1601 par un certain Jean... Robin, botaniste du roi et directeur du Jardin des Plantes (un autre robinier, planté en 1636, y est d'ailleurs aussi encore visible). En 2010, un banc circulaire a été construit autour de l'arbre, pour le protéger et lui permettre une meilleure respiration. Il trône, majestueux et imperturbable malgré le poids des ans - vieillard vénérable soutenu par une béquille de béton.

Saint-Michel (boulevard)

Avocat de formation, Eugène François Bonaventure Bataille alias Sapeck faisait preuve d'un « talent certain qui se manifestait, notamment, par ses dons de musicien, de caricaturiste, d'illustrateur, mais aussi de ventriloque » (Michel Dansel). Figure emblématique de la bohème littéraire, ce sont surtout ses canulars et mystifications qui le rendirent célèbre en son temps. De 1881 à 1883, il publie *L'Anti-concierge*, une revue satirique de défense des locataires, à laquelle participe Alphonse Allais... Pour l'exposition des Arts Incohérents, en 1883, il réalise une *Mona Lisa fumant la pipe* qui préfigure directement le "L.H.O.O.Q." de Marcel Duchamp... Devenu conseiller à la préfecture de l'Oise (!), il souffre rapidement de troubles mentaux, est interné à l'asile de Clermont-sur-Oise (1889), et meurt deux ans plus tard – illustrant peut-être l'aphorisme d'Oscar Wilde : « L'humour n'est-il pas la politesse du désespoir ? ».

Autre figure du quartier Latin, vers 1890 tout le monde connaissait André-Joseph Salis dit *Bibi-la-Purée*. C'était un clochard pittoresque, ivrogne et tapageur, ancien acteur devenu mendiant, cireur, voleur - et un peu indicateur selon les mauvaises langues. Toujours accoutré de manière excentrique, il fut chanté et peint par les artistes (Steinlen, Jehan Rictus) et développa une amitié « sincère » avec le poète Verlaine (on dit même qu'il fut son amant)... ce qui ne l'empêcha pas, après la mort du poète, de vendre - des dizaines de fois - des objets lui ayant appartenu ! Modèle d'un film de 1935 (« Bibi-la-Purée » de Léo

Jeannon), il était mort 32 ans plus tôt, tel qu'il avait vécu et fidèle à lui-même : dans la dèche.

Sommerard (rue du)

Si les Thermes de Cluny avaient conservé leur décoration d'origine, avec mosaïques au sol, marbre à gogo et murs peints, les Parisiens ne descendraient pas le boulevard Saint-Michel aussi rapidement. Ils s'arrêteraient sûrement pour admirer la voûte de la salle froide (*frigidarium*), qui culmine à 14 mètres de hauteur (la plus élevée en son temps en Occident). Car c'est ici, en bordure des marécages de la Seine, que les Parisii venaient se détendre. Ils se faisaient suer sur des terrains de gymnastique attenants (les palestres), avant de passer dans les salles tièdes, chaudes (*tepidarium*, *caldarium*) ou froides. La visite de ces vestiges antiques est gratuite, on entre par le musée de Cluny et des Thermes du Nord (**28** rue du Sommerard).

Victor-Cousin (rue)

Un fantomatique éventreur (Gérard Depardieu) se ronge les sangs dans une tour déserte d'une banlieue perdue. Un flic abonné aux bavures (Bernard Blier) cherche le repos en cultivant sa misanthropie. Un étrangleur écolo (Jean Carmet) s'acharne sur le cou des femmes pour jouir de leur dernier soupir.... Entre Jarry et Ionesco, Bertrand Blier signe avec *Buffet Froid* le *Drôle de Drame* des années 70 : frasques cocasses d'anges exterminateurs, macabres loufoqueries de sales égoïstes qui traînent leurs pantoufles dans la ville morgue, ce théâtre de l'absurde arrosé de rire noir, est né d'une science de la comédie tonitruante et des formules subversives.

… D'accord, d'accord, mais quel rapport avec la rue Victor Cousin – se dit le lecteur interloqué ? Hé bien, tout simplement parce qu'un des sommets du film est la scène où l'ignoble Eugène Léonard (joué par Jean Rougerie) commandite un meurtre en donnant l'adresse du type à éliminer : **6** rue Victor Cousin... Et quelle n'est pas la surprise des tueurs, en arrivant le jour du meurtre, de trouver à cette adresse… le commanditaire lui-même !!! Hilarant et dérangeant à la fois. Gloire donc à la rue Victor-Cousin qui prête son nom à *Buffet Froid*, ce petit bijou de comico-tragique passant du sinistre au cinoque, et à coup sûr chef-d'œuvre du réalisateur !

(A noter à la même adresse dans le hall d'entrée du n° 6, l'*Hôtel Design de la Sorbonne* qui propose - « hasard objectif » à la Breton ou simple coïncidence ? - des… buffets froids.)

6ème ARRONDISSEMENT

Ancienne-Comédie (rue de l')

Alphonse-Louis Constant naquit dans cette rue (anciennement dénommée rue des Fossés-St-Germain-des-Prés), au **n° 5**. Ecclésiastique dévoyé et adepte des idées socialistes naissantes (fouriérisme, saint-simonisme), à force de fréquenter les Rose-Croix et la Franc-maçonnerie il devint aussi une figure majeure de... l'occultisme. Son ouvrage principal (_Histoire de la Magie_) témoigne de l'étonnant parcours intellectuel de celui que ses disciples surnommaient Eliphas Lévi (traduction en hébreu de ses prénoms d'origine).

Installé dans le quartier Saint-Germain, à deux pas du carrefour de l'Odéon, le _Procope_ va bientôt fêter ses... 333 ans d'existence. C'est le plus vieux café-restaurant de France. Une institution toujours aussi attrayante avec ses beaux salons et le souvenir de ses illustres clients : Denis Diderot, Jean-Jacques Rousseau Voltaire, D'Alembert, Beaumarchais, Buffon, les frères Grimm... Outre ces personnalités du Paris intellectuel, Condorcet, Benjamin Franklin et les révolutionnaires (Danton, Marat, Jacques Hébert, Mirabeau, Robespierre) fréquentèrent aussi l'établissement à la fin du XVIIIème siècle. Un simple citoyen, dénommé Julian, s'y illustra en s'exhibant avec « _le bonnet phrygien qui coiffe Pâris_ ». Ainsi naquit, dans un salon de ce café du **n° 13** rue de l'Ancienne-Comédie, l'un des symboles les plus forts de la Révolution en marche. Et c'est aussi, dit-on, dans un autre salon que fut décidée l'attaque du palais des Tuileries du 10 août 1792 - dont chacun sait qu'elle fut une étape décisive des évènements de cette période.

Beaux-Arts (rue des)

À l'époque où Oscar Wilde y est mort (le 30 novembre 1900), l'*Hôtel d'Alsace* - au **n° 13** - était un établissement tellement miteux qu'affligé par leur état (le sien et celui de sa chambre), l'écrivain aurait déclaré : « Ce papier peint et moi nous livrons un duel à mort. L'un ou l'autre va devoir s'en aller »... Il fut photographié sur son lit de mort par son ami Maurice Gilbert, ce qui permet en effet de se faire une idée de l'hôtel - et du papier peint en question !
En juin 1971, un autre artiste scandaleux, Jim Morrison, grand fan d'Oscar, demanda à loger dans la chambre de l'écrivain irlandais. Il y passa quelques semaines et a laissé les traces de ses frasques. Entre-temps, l'écrivain Jorge Luis Borgès et d'autres artistes de renom (Salvador Dali, Ava Gardner, Cocteau...) séjournèrent aussi dans cet hôtel maintenant devenu un établissement de luxe et rebaptisé... « Hôtel L'Hôtel ».

Cassette (rue)

Une des adresses d'Alfred Jarry à Paris a longtemps été le **7** rue Cassette, dans le 6ème arrondissement... au « 2ème étage et demi », comme il le disait lui-même. En fait, ce n'était pas vraiment une mezzanine, mais plutôt la conséquence de l'avidité de son propriétaire, lequel subdivisait à outrance les « appartements » qu'il louait. Alfred, qui n'avait pourtant rien d'un géant, pouvait à peine se tenir debout dans sa chambre ! Situation ubuesque, n'est-il pas ?

Conti (quai de)

Paris, au début des années 1930. Désespéré parce qu'il a perdu son chien et dégoûté par la société, Boudu, magnifique clochard, se jette dans la Seine. Mr. Lestingois, bourgeois libéral, qui l'observe, intervient et le sauve. Hébergé dans son magasin, celui-ci va chercher à civiliser Boudu, lequel préfèrera semer le désordre dans la maison, séduire la bonne... et Mme Lestingois par-dessus le marché.

Comédie sociale arrosée de vitriol, *Boudu sauvé des eaux* est un hymne à la liberté et à l'anarchie, en particulier grâce à la géniale interprétation de Michel Simon. Le réalisateur se pique de filmer son acteur au milieu d'une foule de passants à leur insu, dans un style caméra cachée qui anticipe de plusieurs décennies les expérimentations de la *Nouvelle Vague*. C'est ici, quai de Conti, devant le Pont des Arts, que fut tourné le chef-d'œuvre de Jean Renoir sorti en 1932.

Dauphine (rue)

Au **n° 33**, Le *Tabou* était un club de danse et de jazz installé dans la cave de l'hôtel d'Aubusson, élégante demeure datant du XVIIème siècle. Il devint à sa création, le 11 avril 1947, un lieu emblématique du Saint-Germain-des-Prés de l'après-guerre. Ses membres fondateurs étaient Roger Vailland, Frédéric Chauvelot, Bernard Lucas et Jean Domarchi. Vite devenu le rendez-vous favori des zazous, fêtards bohèmes et autres noctambules (Juliette Gréco, Boris Vian...), il fut aussi le lieu de rencontres des « révolutionnaires » existentialistes, Sartre et Simone de Beauvoir en tête. Au même numéro vécut un autre révolutionnaire... Eugène Varlin.

Ecole-de-Médecine (rue de l')

Au **n° 5** rue de l'Ecole-de-Médecine se trouve l'ancienne Académie royale de chirurgie, aux belles façades classées monuments historiques. C'est ici que serait née la tragédienne Sarah Bernhardt. Plus grande comédienne de son temps, adulée par Oscar Wilde, Napoléon III et Victor Hugo, elle cumula les amants : le comédien Mounet Sully, le peintre et sculpteur Gustave Doré, l'acteur (de trente ans son cadet !) Lou Tellegen et le prince de Ligne - qui fut le père de son unique fils, Maurice. Ne disait-on pas aussi qu'elle aimait les drogues ? Et avec ça, une réputation de diva capricieuse ! En fait la comédienne - de son vrai nom Henriette Rosine Bernard - était surtout une forte personnalité, féministe avant l'heure... et avec un grand sens de l'humour... noir (il lui arrivait de dormir dans un cercueil !). Une plaque a été apposée au n° 5, le 25 octobre 1944, pile pour le centenaire du jour de sa naissance.

Dans ce musée d'Anatomie pathologique, au **n° 15**, on trouve tout un assortiment de squelettes, d'embryons difformes et d'aberrations physiologiques rassemblé par le chirurgien qui a donné son nom au lieu : Guillaume Dupuytren (1777-1835). Un inventaire édifiant de l'étrange et du monstrueux appliqué à la médecine. Dans le même style macabre, on pourra admirer à la sortie du musée, sur la gauche, une statue représentant la *Faucheuse* - conçue par le sculpteur Allouard en 1910 et troublante de réalisme.

Le samedi 13 juillet 1793, Charlotte Corday, toute juste arrivée de Caen, pénétrait chez Marat, au 30 rue des Cordeliers (aujourd'hui **18-20** rue de l'Ecole-de-Médecine). Celui-ci était, comme David l'a immortalisé dans son célèbre tableau, dans sa baignoire, prenant un bain de souffre afin de calmer sa maladie de peau. Selon les historiens, il s'agissait d'une maladie associée à des rhumatismes articulaires déformants. Bref, quoi qu'il en soit, Charlotte résolut le problème – de manière expéditive – en lui plantant son couteau en pleine poitrine... Moralité : Marat, « L'ami du peuple » certes... mais pas de Charlotte !

Férou (rue)

La poésie et les impôts feraient-ils bon ménage? *Le Bateau Ivre*, célèbre poème d'Arthur Rimbaud, a jeté l'ancre non loin de l'église Saint-Sulpice, se donnant à lire depuis juin 2012 sur le mur d'enceinte d'un... hôtel des impôts ! La raison du choix de ce lieu ? C'est là, dans un restaurant aujourd'hui disparu, que Rimbaud aurait récité son texte pour la première fois. Curieuse initiative qui allie le trivial au sublime – le poète aurait sûrement apprécié le côté décalé (ou insultant c'est selon) du lieu choisi... Le poème mural, le premier que la fondation *Tegen-Beeld* a fait réaliser à Paris, est une initiative culturelle financée par l'ambassade des Pays-Bas à Paris. Il a été réalisé par le calligraphe Jan Willem Bruins.

Gît-le-Cœur (rue)

Dans les années 50-60, le *Beat Hôtel* était un petit établissement situé au **n° 9** de la rue Gît-le-Cœur, en plein Quartier latin. Il dut sa renommée, ainsi que son nom, aux membres de la *Beat Generation* qui y ont séjourné (Allen Ginsberg, Gregory Corso...). William Burroughs arrivé de Tanger, y écrivit son légendaire *Festin nu*. C'est là aussi qu'il expérimenta sa technique du *cut-up* et qu'Allen Ginsberg composa son plus fameux poème, *Kaddish*.
A l'époque boui-boui particulièrement miteux, l'hôtel est devenu de nos jours un établissement de luxe, le *Vieux Paris*... Seul une plaque

rappelle le lieu mythique de la bohème des années 50. (Pour la petite histoire, la rue tient son nom si poétique d'une déformation de son appellation d'origine : Gilles-Queue - du nom d'un cuisinier habitant la rue).

Grands-Augustins (rue des)

C'est dans cet hôtel particulier du XVIIème siècle, au 7 rue des Grands-Augustins, que Pablo Picasso s'installe en 1937. Il y travaille à un tableau que le gouvernement espagnol lui a commandé. Mais le 26 avril 1937, en pleine Guerre civile, la petite ville basque de Guernica est bombardée - par l'aviation allemande alliée des franquistes. L'émotion est énorme et la presse se fait l'écho du massacre de ses habitants. Picasso bouleverse alors son projet initial et commence la composition d'une toile de plus de sept mètres de long. Ce sera *Guernica* – qui, un mois plus tard, est installé dans le pavillon espagnol de l'exposition internationale à Paris....
Le peintre logea ici pendant toute l'Occupation, malgré les privations et la suspicion à son égard, son travail ayant été répertorié comme « art dégénéré » par les nazis. Petite anecdote troublante : cet atelier sous les toits est aussi l'endroit que Balzac avait choisi pour l'intrigue de son roman, *Le Chef-d'oeuvre inconnu* (1831), roman dans lequel le peintre Frenhofer, emporté par sa quête de création, s'enferme pour peindre son chef-d'oeuvre. Le peintre espagnol, qui avait illustré le livre par une série de gravures en 1927, ne pouvait que succomber à la tentation de s'y installer. Cette identification de Picasso à l'œuvre de Balzac se révéla finalement prémonitoire

puisque *Guernica* est maintenant considéré comme son chef-d'oeuvre... Ou pas - puisque c'est aussi son tableau le plus connu !

Mazarine (rue)

Toute sa vie poète (Il participe très tôt aux expériences de sommeils hypnotiques des Surréalistes et sera rédacteur du journal du mouvement), Robert Desnos n'en est pas moins engagé politiquement. Il rompt rapidement avec Breton (qui veut orienter le mouvement vers le Communisme), mais adhère au mouvement frontiste et à l'Association des Ecrivains et Artistes Révolutionnaires. Sous l'Occupation, il va mener de front ses activités de journaliste et de résistant, ce qui lui vaudra d'être recherché par la Gestapo dès 1942. Le 22 février 1944, il est arrêté à son domicile du **19** rue Mazarine, où il vivait avec sa compagne Youki depuis dix ans. Déporté à Theresienstadt (Tchécoslovaquie), il y meurt le 8 juin 1945 un mois après la libération du camp, épuisé par les privations et malade du typhus.

Le roi de France Philippe Auguste, en route pour la troisième croisade, avait décidé de construire une enceinte pour protéger Paris. Datant de la fin du XIIème siècle, on peut encore en admirer un pan impressionnant au **n° 27**, dans un parking ! Peut-être, qui sait, y trouvait-on déjà une écurie à l'époque ?...

Monsieur-le-Prince (rue)

Dans la nuit du 6 au 7 décembre 1986, Malik Oussekine, étudiant de 22 ans, était matraqué à mort par deux policiers "voltigeurs" dans le hall de l'immeuble du **20** rue Monsieur-le-Prince. Les étudiants et lycéens dénonçaient le projet de loi Devaquet instaurant la sélection à l'entrée de l'université. De graves affrontements avec les forces de l'ordre avaient eu lieu en marge des manifestations, faisant des dizaines de blessés dont plusieurs graves. Ces "Voltigeurs" avaient été remis en service par Robert Pandraud, ministre délégué à la Sécurité auprès du ministre de l'Intérieur, Charles Pasqua. Montés à deux sur une moto tout-terrain, l'un conduisait, tandis que l'autre armé d'un « bidule » (grande matraque de bois dur) faisait le vide au passage de la moto – un « nettoyage » express en quelque sorte... Finalement, les deux voltigeurs directement impliqués furent jugés pour « coups et blessures ayant entraîné la mort sans intention de la donner ». Ils écopèrent l'un de cinq l'autre de deux ans avec sursis, l'avocat général ayant pourtant réclamé cinq ans ferme pour chacun d'eux. Le corps de police lui fut dissous à la suite de l'affaire.

Montparnasse (boulevard du)

Avec *Le Dôme* au **108**, La Rotonde au **105** et *La Coupole* au **102**, tous situés boulevard Montparnasse, *La Closerie des Lilas*, sise au **n°171**, est l'un des cafés d'artistes et d'intellectuels qui anima le plus la vie du quartier -

en particulier dans la première moitié du XXème siècle.

Dès le début du siècle, succédant à Paul Verlaine autre habitué du lieu, Paul Fort vient y rencontrer ses amis écrivains (Apollinaire, Alfred Jarry, Oscar Wilde) et disputer des parties d'échecs avec... Lénine ! *La Closerie* devient ensuite un des hauts lieux de l'intelligentsia américaine : Hemingway et Henry Miller font la réputation du lieu... C'est aussi par exemple à la terrasse de *La Closerie* que Francis Scott Fitzgerald lit à Hemingway le manuscrit de *Gatsby le Magnifique*. Modigliani, André Breton, Louis Aragon, les peintres Van Dongen et Picasso, Jean-Paul Sartre et André Gide, Paul Éluard, Samuel Beckett et Ezra Pound, ou plus récemment Jean-Edern Hallier - et le chanteur Renaud ! - ont également fréquenté l'endroit. Quoi d'autre ? Le tournage du film *Le Vieux Fusil* (1975) a eu lieu en partie à *La Closerie,* notamment la superbe scène de rencontre entre Romy Schneider et Philippe Noiret.

Depuis 2006, le jury du Prix du Livre Incorrect s'y réunit, au début de chaque année, perpétuant ainsi la tradition artistique et littéraire du célèbre restaurant.

Observatoire (avenue de l')

Arthur Cravan n'eut qu'un but dans l'existence : faire par tous les moyens de sa vie une œuvre d'art - à l'instar de la célèbre formule d'Oscar Wilde... Oscar Wilde dont il était le neveu (par alliance). Bref, rien ne faisait peur au plus grand poète du monde – 2m05 ! Tour à tour littérateur, chevalier d'industrie, marin dans le Pacifique, muletier, charmeur de serpents, Cravan passa sa vie à fuir la guerre et à la vivre en artiste (sa vie, pas la guerre...). Révolté, excentrique et révolutionnaire, il rencontra les plus grands créateurs de ce début de XXème siècle, fonda une revue (*Maintenant,* sise au **29** avenue de l'Observatoire), conchia l'art officiel... et affronta un des plus grands champions du monde sur le ring (Jack Johnson en 1916, dans les arènes de Barcelone !). Ce n'est pas pour rien que ce colosse à la vie déjantée - né Fabian Avenarius Lloyd en 1887 et disparu en 1918 dans le Golfe du Mexique - fut considéré par les Surréalistes comme le premier Dada.

Pierre-Sarrazin (rue)

New Rose fut, dans les années 80-90, un disquaire ainsi qu'un célèbre label. Il ouvre ses portes en 1980, au **7** rue Pierre-Sarrazin, et devient le principal « indépendant » parisien, spécialisé dans le rock, le punk et les musiques alternatives. Pendant près de quinze ans lieu de rencontres à la fois des branchés et de la faune rock, le magasin ferme ses portes au milieu des années 1990. Le label associé fut aussi très actif au cours de la même période, autant à l'international (Cramps, The Unknowns, The Saints, Dead Kennedys, Roky Erickson, Fleshtones, Gun Club, Bruce Joyner, Elliott Murphy, Johnny Thunders, Chris Spedding, etc...) que chez les groupes français de la scène alternative (La Souris Déglinguée, Wampas, Warum Joe, Mary Goes Round, Polyphonic Size, Les Calamités - et même... Dick Rivers !).

Saint-Michel (boulevard)

Le Cercle des poètes Zutiques, où l'on disait
« zut » à tout, comptait parmi ses membres des
noms aussi illustres que Charles Cros, Rimbaud,
Verlaine, André Gill, Ernest Cabaner, Carjat ou
Léon Valade. Ce groupe de poètes
anticonformistes créé en octobre 1871, sans
programme ni manifeste, se réunissait à l'*Hôtel
des Étrangers* à l'angle du boulevard Saint-
Michel et de la rue Racine. De leurs réunions on
a conservé un Album Zutique, lequel caricaturait
férocement les poètes Parnassiens (avec une
attention toute particulière pour François Coppée,
la tête de Turc du mouvement). La durée de vie
du cercle fut courte puisque ses membres
entreprirent de le saborder au début de l'année
1872, par crainte de contrôles fiscaux
notamment. Mais leur influence sur tous les
mouvements hétérodoxes à venir (*Hydropathes,
Fumistes, Hirsutes* et autres *Incohérents*) fut
primordiale. Après avoir transmis l'Album au
groupe des *Vivants* (Germain Nouveau, Jean
Richepin, Raoul Ponchon et Paul Bourget),
Charles Cros, nostalgique, réutilisera l'appellation
« zutique » à l'occasion de la création d'un
nouveau cercle, en 1883.

Saint-Sulpice (place)

Considérée comme l'une des plus laides de
Paris (son aspect massif), l'intérêt des touristes
pour la deuxième plus grande église de Paris
était à son plus bas niveau depuis des années.

La publication du *Da Vinci Code* a permis à beaucoup de la (re)découvrir. Dan Brown y soutient que Saint-Sulpice était un repère de la confrérie protégeant le Saint Graal et que son sol est criblé de messages symboliques. Quoi qu'il en soit, il est exact que l'église du **6** place St-Sulpice recèle en son sein un objet bien rare et bien étrange : un gnomon du XVIIIème siècle, forme de cadran solaire utilisé en astronomie et dont le fil de laiton représente la ligne « méridienne ». L'écrivain Joris-Karl Huysmans, adepte d'occultisme, y planta le décor de son roman *A Rebours*. Et *Là-bas* (1881), son chef-d'œuvre mystico-sataniste, contient des passages entiers qui se déroulent à Saint-Sulpice - Carhaix, personnage clé du récit, étant le sonneur de cloches de l'église.

Autre aspect « hérétique » de l'édifice : c'est le lieu de baptême de Baudelaire (l'auteur des *Fleurs du Mal*), et du marquis de Sade.

Saint-Sulpice (rue)

N° 26 : immeuble privé, dans lequel habita le sulfureux écrivain Georges Bataille. Il y vécut les derniers mois de sa vie, du 1er mars 1962 à sa mort, le 9 juillet de la même année. Plus loin en face, au **27**, se trouvaient jadis les locaux du magasin de disques *Music Box* - adresse punk incontournable à la fin des années 70.

Seine (rue de)

En 1938, Hélène Roger-Viollet et son mari, tous deux passionnés de photographie, fondent au **n° 5** rue de Seine la *Documentation Photographique Générale Roger-Viollet.* Aujourd'hui une des plus anciennes agences françaises, elle constitue un fonds photographique unique en Europe, couvrant plus d'un siècle et demi d'histoire française et internationale - autour de quatre thématiques principales : les grands évènements historiques, Paris, les portraits de personnalités et les reproductions d'œuvres d'art. À leur mort, en 1985, les fondateurs de l'agence lèguent à la Ville de Paris près de quatre millions de négatifs et deux millions de positifs. D'autre part, depuis 2005, l'agence a renforcé l'attractivité de son offre par la diffusion de fonds historiques étrangers et de photographes indépendants qui lui confient la gestion de leurs archives. Elle rassemble aujourd'hui près de huit millions de clichés.

Le *Rock'n'roll Circus*, **57** rue de Seine, fut de 1969 à 1972 une boîte mythique - le lieu le plus fréquenté par les musiciens de la planète rock. Elle était tenue par Sam Bernett et pouvait contenir jusqu'à 500 personnes – pas mal à l'époque pour une simple discothèque. A l'intérieur, deux salles et un bar planant, avec thé à la menthe, ambiance indienne, tapis, coussins... On y croisait pêle-mêle : Michel Polnareff, qu'une fiancée jalouse tente un jour d'assassiner à l'arme blanche, Yves Saint-Laurent et Pierre Bergé, Keith Richards le guitariste junkie des Rolling Stones, pris pour un simple SDF, Richard Bohringer fin saoul au comptoir, Gene Vincent et Salvador Dali, mais aussi Mick Jagger, Johnny Hallyday, Eric Clapton, Steve McQueen, Roman Polanski, Sergio Leone, Jean-François Bizot, Robert Malaval et même... Jacques Prévert ! A sa grande époque, le *Rock'n'Roll Circus* etait une véritable cour des Miracles de la musique... La légende (et Sam Bernett qui en a fait un livre) dit que c'est ici que serait mort Jim Morrison - une nuit de juillet 1971 -, d'une overdose dans les toilettes de l'établissement.

Sèvres (rue de)

Défenseur du naturalisme à ses débuts, l'écrivain J.-K. Huysmans (1848-1907) rompit avec cette école et devint le principal représentant du symbolisme et de l'esthétique « fin de siècle ». Tenté un temps par le satanisme, il se convertit finalement au catholicisme dans la dernière partie de sa vie... Après avoir lu *À rebours*, Barbey d'Aurevilly n'avait-il pas prédit que Huysmans aurait un jour à choisir entre « la bouche d'un pistolet et les pieds de la croix », autrement dit entre le suicide et la conversion religieuse ? C'est dans cette maison du **11** rue de Sèvres, ancien prieuré avec ses longs « *couloirs à faire charger des escadrons de cavalerie* », qu'il écrivit la plupart de ses livres (en particulier ses deux chefs-d'œuvre, *A Rebours* et *Là-bas).*

Tournon (rue de)

N° 8 : demeure de Théroigne de Méricourt, une des premières femmes politiques françaises, précurseur du féminisme. Ici, son salon fut fréquenté par maints dirigeants révolutionnaires. **N° 17** : Au deuxième étage de cet immeuble, Gérard Philipe reposa sur son lit mortuaire, dans le costume du *Cid*. L'acteur s'éteint dans sa chambre, le 25 novembre 1959. **N° 29** : Jules Vallès habita à cette adresse, dans les temps qui précédèrent les évènements de la Commune.

Vaugirard (rue de)

La rue de Vaugirard est la plus longue de Paris, traversant deux arrondissements : le 6ème et le 15ème. Elle doit son nom à l'ancienne commune de Vaugirard qui fut intégrée à la capitale en 1859. Partant du boulevard Saint-Michel, au niveau de la place de la Sorbonne, elle se termine à la jonction des boulevards Victor et Lefebvre, à la porte de Versailles, s'étendant ainsi sur 4360 mètres.

Au **n° 114** de la rue de Vaugirard siège la *Société religieuse des Amis* ou *Centre Quaker International. Quaker* - en anglais *Trembleur* - en raison des tremblements convulsifs qui saisissaient les adeptes de la secte quand ils prêchaient dans la rue, au temps lointain de sa création (XVIIème siècle)... Le groupe de *quakers* de la rue de Vaugirard s'y établit dès 1920 et devint rapidement indépendant de la « maison mère » anglo-saxonne - en 1933. Ses membres eurent une attitude courageuse pendant l'Occupation, cachant et sauvant des centaines d'enfants juifs.

7ème
ARRONDISSEMENT

Anatole-France (quai)

C'est à l'occasion de l'Exposition universelle de 1867 que les premiers bateaux à passagers firent leur apparition dans la capitale. Une trentaine, construits dans des ateliers du quartier de la Mouche (d'où leur nom), au sud de Lyon, furent transférés à Paris. En 1949, l'homme d'affaires Jean Bruel acquit une de ces dernières embarcations et proposa des promenades touristiques sur la Seine. A partir de ce concept, il déposa la marque dénomination « Bateaux Mouches » et, afin de conférer une notoriété à sa nouvelle activité, inventa le personnage mythique de Jean-Sébastien Mouche... qu'il présenta comme le concepteur des susdites embarcations. Coup de génie publicitaire : le Port de Solférino sur le quai Anatole-France, fut alors, en 1953, le théâtre d'une émouvante cérémonie : l'inauguration du buste de Jean-Sébastien Mouche, créateur immortel (et fictif !) des bateaux du même nom...

Babylone (rue de)

Authentique pagode du XIXème siècle qu'un riche propriétaire avait offert à sa femme, celle-ci fut installée au **57 bis** rue de Babylone (la pagode, pas l'épouse) - par l'architecte Alexandre Marcel... Puis, décorée de tableaux de Benet (le peintre, pas le qualificatif), dans un goût extrême... oriental. Convertie depuis 1931 en cinéma, on privilégiera un visionnage dans la « salle japonaise », la plus belle et originale des deux que compte l'établissement.

111

Bac (rue du)

L'ancien magasin de taxidermie fondé au XIXème siècle par l'entomologiste Emile Deyrolle est depuis longtemps devenu un musée. La boutique déplacée et réaménagée se situe toujours au **n° 46** de la rue du Bac, dans un superbe hôtel particulier. Elle est plus étonnante que jamais : mammifères de grandes tailles, oiseaux de tous pays et curiosités naturelles de toutes sortes y sont entreposés, l'ensemble constituant un fourre-tout finalement très bien ordonné.

Au **108**, une plaque commémorative signale que l'écrivain et ancien diplomate Romain Gary (alias Emile Ajar en littérature) y a habité - avec sa compagne, l'actrice américaine Jean Seberg. Après leur séparation, Seberg s'installa dans un autre appartement de l'immeuble ; puis elle fut retrouvée morte dans sa voiture, par suicide, un jour de décembre 1979... Prélude au destin de l'écrivain qui se donna la mort à son tour à cette adresse de la rue du Bac, le 2 décembre 1980.

Lieu de l'apparition mariale présumée de Catherine Labouré (1806-1876), la chapelle de la Médaille Miraculeuse se trouve au **n° 140**. Elle est de nos jours l'un des dix lieux cultuels les plus visités à Paris. En 1930, le nombre de médailles mises en circulation (la Vierge apparue à la jeune fille avait souhaité qu'une médaille à son effigie soit portée par ses admirateurs...) dépassait les 300 millions, alors imaginons maintenant... À l'occasion de sa béatification, le corps de la nonne fut exhumé, le 21 mars 1933.

Retrouvé en parfait état, on l'affubla de son habit de religieuse (avec la célèbre cornette blanche aux larges ailes) et on le plaça dans une châsse en bronze doré, au sein même de la chapelle. Viens-y voir et l'admirer, ô toi visiteur sceptique !

Champ-de-Mars (parc du)

Objet d'opprobre pour l'écrivain Guy de Maupassant qui quitta Paris pour ne plus la voir, la Tour Eiffel est pourtant devenue, pour des millions d'étrangers, l'image même de Paris. Il faut bien reconnaître que, quoi qu'en disent ses détracteurs, la tour est un chef-d'œuvre de légèreté et de grâce... malgré ses 7 000 tonnes et ses 2 500 000 rivets.

Sachez aussi - histoire peu connue - que cette grande dame accueillit à la Libération, au 1er étage et pendant plus d'un an...un bordel-night club réservé aux soldats américains. Autre anecdote peu glamour mais hilarante : deux escrocs différents réussirent à la vendre... Un des acheteurs floués eut tellement honte qu'il n'osa même pas porter plainte et perdit la somme payée !

Lille (rue de)

Dans l'immeuble du **n° 5** rue de Lille, le psychanalyste Jacques Lacan avait son cabinet - de 1940 jusqu'à sa mort en 1981. C'était aussi l'adresse, près de cent ans plus tôt, d'un sieur

Darasse - banquier d'un certain Isidore Ducasse alias, en littérature, Le Comte de Lautréamont. Ici, l'écrivain venait toucher la pension que lui envoyait son père depuis Montevideo. D'ailleurs, c'est au même banquier Darasse que Ducasse, le 12 mars 1870, annonce qu'il compte changer sa « méthode ». Après l'échec de ses sombres *Chants de Maldoror*, et avec *Poésies* (son nouvel et dernier ouvrage), il compte désormais ne chanter que "l'espoir, l'espérance, le calme, le bonheur et le devoir". Une nouvelle ligne directrice... et une façon d'amadouer le papa, qui tient les cordons de la bourse depuis la pampa uruguayenne.

D'autres auteurs sulfureux ont vécu dans cette voie calme et très bourgeoise, la rue des ministères : Georges Bataille (au **n° 3**) et Sunsiaré de Larcône (**n° 25**), morte à 27 ans dans l'accident de voiture qui tua aussi l'écrivain Roger Nimier.

Montalembert (rue de)

Père de José Antonio - le fondateur du mouvement fascistoïde espagnol *La Phalange* -, Miguel Primo de Rivera fut dictateur en Espagne pendant sept ans, de 1923 à 1930. Pressé par le roi Alphonse XIII qui craint pour la pérennité de la monarchie, il est contraint de présenter sa démission le 28 janvier 1930. Le général s'exile alors à Paris, où il décède rapidement (le 16 mars), à son domicile du **7** rue de Montalembert. Plus tard, poursuivant la malédiction familiale, le fiston factieux rallié au soulèvement militaire mourra en pleine Guerre civile, fusillé par le gouvernement républicain. Moralité : nul n'est prophète en son pays.

Orsay (quai d')

Le 9 décembre 1893, une bombe explose en plein hémicycle de la Chambre des députés, **33** quai d'Orsay. Panique, cris... De la tribune du Palais-Bourbon, le président Charles Dupuy lance dans le brouhaha ambiant : *« Messieurs, la séance continue ! »*. Un instant plus tard, il ajoute avec l'emphase coutumière de l'époque : *« Il est de la dignité de la Chambre et de la République que de pareils attentats, d'où qu'ils viennent, ne troublent pas les législateurs »*. Auguste Vaillant, qui a lancé la bombe, est arrêté. Âgé de 33 ans, c'est un marginal : abandonné seul à Paris à 12 ans, il a accumulé les petits métiers avant de se lancer dans la lutte politique pour faire entendre *« le cri de toute une classe qui revendique ses droits »*. Comme il le souligne lors de son procès, il n'a pas cherché à tuer (d'ailleurs la bombe n'a fait que des blessés légers) mais à ouvrir les yeux de la classe politique sur la condition ouvrière. Condamné à mort, il est exécuté le 5 février 1894. Naîtront alors une chanson, *La Complainte de Vaillant*, mais aussi une série de lois répressives (les *« Lois scélérates »*)... et une nouvelle vague d'attentats anarchistes.

C'est vers 1200 que Philippe Auguste fait paver les rues de Paris et prévoit, en leur milieu, une rigole d'évacuation. Dès 1370, un égout voûté et maçonné rejoignant le ruisseau de Ménilmontant est construit, rue Montmartre. Le réseau se développe ensuite très lentement au fil des siècles et il faut attendre 1850, avec l'arrivée du baron Haussmann et de l'ingénieur Belgrand, pour que se développe un véritable réseau d'égouts (600 km en 1878). À chaque angle de galerie figure une plaque, correspondant à l'adresse au niveau de la rue. Sans elles, impossible de se repérer dans cette véritable ville sous la ville, aujourd'hui immense labyrinthe long de 2 500 kilomètres et comptant quelque 30 000 regards.

L'innovation de Belgrand est d'avoir conçu un réseau collectant et transportant à la fois les eaux de pluie et les eaux usées. Construit à taille humaine, il est aujourd'hui accessible à pied, et abrite de nombreuses canalisations (eau, climatisation, câbles de télécommunication...). Le musée des égouts de Paris - avec visite sur 500 mètres dans les sous-sols - se trouve au Pont de l'Alma, face au **93** quai d'Orsay.

Rapp (avenue)

Au **n° 29**, superbe immeuble de six étages datant de 1901 et œuvre du sculpteur Jules Lavirotte. Pour plaire à son collaborateur (le céramiste Alexandre Bigot), celui-ci s'était lancé, au tournant du XXème siècle, un défi des plus audacieux, dans la lignée des travaux de son homologue Gaudí à Barcelone. Il s'agissait de créer pour la première fois dans Paris une façade « à base » de céramiques - véritable vitrine d'exposition pour les réalisations de Bigot, le grand spécialiste des grès flammés. La porte d'entrée quant à elle est étonnante, surmontée d'une tête de femme sculptée (madame Lavirotte ?) qu'entourent Adam et Eve chassés du paradis. Et on y devine - sur la porte elle-même - un phallus géant inversé !... Alors : obsession sexuelle inconsciente de l'artiste ou représentation voulue du pêché comme pilier de la culpabilité judéo-chrétienne ? Surprenante réalisation en tout cas.

Vaneau (rue)

Karl Marx a séjourné à Paris, « cette nouvelle capitale du monde du nouveau » selon le mot du théoricien allemand. A son arrivée en 1843, il s'installe avec son épouse Jenny von Westphalen au **23** rue Vaneau, avant que le couple ne déménage quelques semaines plus tard - au **38**. Marx résidera à Paris jusqu'en 1845 avant d'en être chassé, d'y revenir lors de la Révolution de 1848, d'être de nouveau expulsé... et enfin de se réfugier à Londres, où il passera le reste de sa vie.

Verneuil (rue de)

Au **5 bis** rue de Verneuil tout est resté intact depuis la mort de Serge Gainsbourg, en 1991. À tel point que les cendriers débordent de Gitanes, les bouteilles à moitié vides traînent sur la table et les boîtes de conserves ont explosé dans le frigo... Image bien sûr, mais près de trente ans ont passé et Charlotte Gainsbourg - désormais propriétaire de l'appartement - ne souhaite toucher à rien (son père vécut ici de 1969 jusqu'à la fin). Un projet de musée serait néanmoins à l'étude depuis des années... Les graffitis, dessins et autres portraits au pochoir du chanteur ornent la porte et les murs extérieurs de ce bel hôtel particulier. Ils créent une émouvante œuvre d'art collective en l'honneur de *L'Homme à la Tête de Chou*.

Voltaire (quai)

C'est sur les rives de la Seine que l'on trouve un immeuble atypique - au **n° 13** du quai Voltaire. Sa porte bleue foncée, à elle seule, fait presque la moitié de la taille de l'édifice. Quant à la largeur de l'immeuble, c'est bien simple, elle ne dépasse pas celle de la porte en question !... Soit 2m50. On pourrait presque penser que cet immeuble pygmée est arrivé là par hasard, d'un coup de baguette magique, tant son positionnement semble incongru. Explication plus rationnelle : à l'origine, un passage desservait un hôtel particulier, situé sur une parcelle en retrait du quai. C'est dans ce passage devenu obsolète avec le temps que l'immeuble est venu s'imbriquer. A noter que ce phénomène de petitesse est loin d'être isolé à Paris... Au numéro 45 de la rue Pascal (13ème arrondissement), une maison de 3m50 de large est coincée entre deux immeubles en pierre de taille. Mieux encore, au 39 rue du Château-d'Eau (dans le 10ème), on trouve une habitation de 1m10 de large pour 5m de haut... Mais c'est bien ici,

quai Voltaire, que le rendu et l'impression laissés
par l'édifice sont les plus saisissants.

8ème

ARRONDISSEMENT

Alma (place de l')

Le pont de l'Alma est situé à proximité de l'endroit où la princesse de Galles (Lady Di) a trouvé la mort en août 1997. Le lieu, souvent appelé « tunnel du pont de l'Alma », se trouve en fait entre le pont et la place du même nom. Une *Flamme de la Liberté*, monument commémorant l'amitié franco-américaine et réplique de celle de la célèbre statue du même nom, a été détournée de sa fonction initiale... Elle est devenue depuis vingt ans un lieu de recueillement pour les admirateurs éplorés de la princesse défunte. Mouchoirs, mines contrites et larmes de circonstance sont les bienvenus.

Construit sous le Second Empire et inauguré par Napoléon III, le Pont de l'Alma tire son nom de la bataille du même nom remportée contre les Russes en Crimée (1854). Adossées à chaque pile du pont, on trouvait initialement quatre statues représentant chacune un corps de l'armée française : un zouave (nom donné aux soldats des régiments français d'Afrique du Nord), un grenadier, un artilleur et un chasseur à pied. Le pont n'ayant plus qu'une pile, seul le zouave nous est resté. Lors de la grande crue de 1910, sous l'œil de l'impavide soldat, les eaux montèrent alors jusqu'à ses épaules... Et depuis, le Zouave du Pont de l'Alma est devenu un moyen de mesurer le niveau de la Seine.

Daru (rue)

Sait-on que Paris abrite une cathédrale russe « pur jus » ? Elle se dresse à quelques pas du très fréquenté parc Monceau, au **12** de la rue Daru. Empruntons la rue Pierre-le-Grand depuis le boulevard de Courcelles, de là on peut embrasser du regard la grande fresque centrale et les cinq pyramides du monument - surmontées de bulbes dorés. Classée depuis 1983, la cathédrale fut construite pour satisfaire les souhaits d'une population russe croissante. Elle est devenue la principale église célébrant des messes orthodoxes dans la capitale. Les architectes et artistes qui y ont travaillé se sont inspirés des grands travaux de restauration de la basilique Sainte-Sophie de Constantinople (1847), ce qui explique le style « russo-byzantin » de l'édifice. Consacrée en 1861, elle verra des années plus tard - avec comme témoins Jean Cocteau, Max Jacob et Guillaume Apollinaire - le mariage de Picasso avec une danseuse… russe.

Etoile (place de l')

Depuis qu'il était devenu empereur, Napoléon désirait élever un monument à la gloire de son armée et de ses campagnes militaires. Achevé en 1836, soit quinze ans après la mort du petit Corse et après le retour de la royauté, l'Arc de triomphe est le plus grand monument de ce genre au monde, surpassant les arcs romains de Constantin et de Septime Sévère. Haut très exactement de 49 mètres et 54,6 centimètres, il est orné des noms de ses victoires et de 558 de ses généraux. Victor Hugo déplorait que l'on n'y trouvât pas celui de son papa, lui-même ayant été général d'Empire (le papa, pas Victor). (Voir la même entrée -17ème arrondissement.)

Faubourg-Saint-Honoré (rue du)

Il y a presque 120 ans (le 16 février 1899), le septième Président de la République mourait subitement à l'Élysée - **55** rue du Faubourg-St-Honoré -, d'une crise cardiaque. La présence à ses côtés de sa maîtresse, Mme Steinheil, fit le délice des chroniqueurs de l'époque. « Il voulait être César, il n'aura été que Pompée ». C'est par ce trait d'esprit et cette double allusion politico-érotique que Georges Clemenceau résuma la mort du Président : victime d'une crise cardiaque certes... mais suite à une gâterie prodiguée par sa douce amie, en plein Palais de la République ! Bref, les gazettes de l'époque firent des... gorges chaudes de la disparition de cet homme politique, déjà connu pour son goût prononcé pour la bagatelle. *Le Journal du Peuple* écrivit notamment - autre jolie métaphore - que le facétieux Félix Faure était mort « d'avoir trop sacrifié à Vénus ».

Haussmann (boulevard)

Au **40** boulevard Haussmann, de superbes verrières en arc-en-ciel sont visibles au sommet du dôme des magasins *Galeries Lafayette*, devenus cathédrale de la consommation. Un peu plus loin dans le même arrondissement, au 2 rue Scribe, celles du *Grand Hôtel* (renommé récemment *l'InterContinental Paris – Le Grand*) sont impressionnantes aussi, fleur de verre supportée par une double rangée corinthienne.

Le 27 décembre 1906, après la mort de ses parents, Marcel Proust emménage dans un appartement, au 2ème étage du **n° 102**. Il y vécut jusque début 1919, sa tante propriétaire ayant alors décidé de le vendre (l'appartement, pas Marcel). Quoi qu'il en soit, Proust vécut cela comme une trahison, d'autant plus que c'est ici qu'il écrivit son emblématique *A la Recherche du Temps Perdu*. En 2013, une vingtaine lettres de l'écrivain à sa voisine Mme Williams ont été publiées dans un ouvrage, *Lettres à sa Voisine*. On y retrouve notamment son obsession du bruit, causé par un mari dentiste (le mari de la voisine, pas de Marcel !). Bref, d'une sensibilité extrême et ne supportant pas le moindre bruit, Proust en était arrivé à insonoriser sa chambre avec des plaques de liège…

Jean Goujon (rue)

Organisé sur un terrain à l'emplacement des actuels **n°s 15 à 19** de la rue Jean-Goujon, le *Bazar de la Charité* était une vente de bienfaisance créée en 1885, au profit des plus démunis. Elle fut le théâtre, le 4 mai 1897, d'un dramatique incendie causé par la combustion d'une lampe - lors d'une projection cinématographique. La tragédie suscita de vives réactions, dont certaines mettant en question l'avenir du cinéma — jugé responsable —, et considéré alors comme un simple divertissement de foire... Mais surtout, l'évènement fut le théâtre de scènes de lâcheté qui marquèrent l'opinion publique de l'époque. Bien des rescapés hommes participants à la vente n'avaient en effet pas hésité à jouer des poings pour sauver leurs vies - au détriment de 120 femmes et enfants qui périrent dans les flammes.

Lisbonne (rue de)

Ici, au **3** rue de Lisbonne, vécut Jules Allix, « Candidat communiste défenseur de la religion » à l'assemblée constituante de 1848... Sa vie durant, l'esprit fantasque de ce touche-à-tout a fourmillé de projets, tous plus loufoques les uns que les autres. Durant le siège de 1870, il préconise aux Parisiennes le port de son *doigt prussique*, dé comportant une aiguille imbibée d'acide prussique et destinée à se protéger des assauts libidineux des envahisseurs... Prussiens. Mais son « invention » la plus célèbre reste la « boussole pasilalinique sympathique » (plus communément appelée « escargots sympathiques ») : il s'agissait d'une méthode de télégraphie basée sur « la forte capacité des escargots à exercer et maintenir un contact sympathique après l'acte sexuel ». Autrement dit, un escargot est capable de transmettre à toutes distances, « par le biais d'un fluide propagé par le sol, son état d'excitation au

congénère avec qui il a sympathisé, c'est la
"commotion escargotique" »...
Inutile de dire que personne ne comprit jamais
rien à l'éventuelle utilité de cette géniale
invention... Cela n'empêcha pas le brave Jules
de devenir, entre deux internements à
Charenton, maire du 8ème arrondissement !

Madeleine (place de la)

Les plus belles toilettes de Paris se trouvent
place de la Madeleine... L'accès se fait par un
escalier en colimaçon de céramique, à quelques
mètres à peine de l'entrée de l'imposante église.
Typiques de l'Art Nouveau avec ses motifs
ornementaux et les portes vitrées de ses cabines,
ces toilettes sont en effet somptueuses, avec
lavabo individuel pour chaque utilisateur. Et il y a
la possibilité de se faire cirer les chaussures - tel
un grand bourgeois millésimé 1900... Mais,
mauvaises dernières nouvelles : tout cela est bel
et bien terminé, les plus belles toilettes de Paris
ont fermé - comme celles du 28 boulevard
Bonne-Nouvelle, depuis longtemps inutilisables.
Pire, elles sont maintenant laissées à l'abandon,
offrant le spectacle désolant d'une décharge à
ciel ouvert. Une honte que la Mairie de Paris se
promet de corriger rapidement... Mais, faut-il la
croire ?

Pasquier (rue)

Rares sont ceux qui connaissent vraiment cet étrange bâtiment aux allures de chou à la crème. Bâti sur le terrain d'un charnier révolutionnaire datant de la Terreur, la chapelle du **29** rue Pasquier a été la sépulture des souverains déchus en 1793, avant que leurs corps ne soient transférés à la Basilique de Saint-Denis. Construite entre 1815 et 1826, comme monument « expiatoire », le projet a été voulu et financé par Louis XVIII, frère de Louis XVI et roi de France lui-même. La chapelle renferme de nombreux trésors dont notamment des voûtes d'une rare beauté. Mais le clou de la visite reste la crypte, au sous-sol. Son autel impressionnant marque l'endroit exact où furent inhumés Louis Capet et son épouse. Pour information, il est possible de réserver le lieu pour célébrer un mariage... que vous soyez monarchistes ou pas ! De quoi en mettre plein la vue à vos invités.

Pierre-Charron (rue)

Un dîner dans le jardin intérieur d'un luxueux hôtel-restaurant, c'est d'un banal... Mais, tout contre un jardin vertical de 450m², c'est plus rare. Au *Pershing Hall* (**49** rue Pierre-Charron), le botaniste Patrick Blanc a réussi à assembler 300 essences différentes sur 30 mètres de hauteur, un vertige écologique en quelque sorte. (Voir aussi une autre de ses réalisations murales, rue d'Alsace dans le 10ème arrondissement.)

Wagram (avenue de)

Construit en 1904, cet hôtel particulier très... particulier annonce déjà l'architecture moderne. L'édifice du **n° 34** avenue de Wagram est un immeuble en béton armé, recouvert de grès flammé sur les trois premiers étages (d'où son nom, le *Ceramic Hotel*). De superbes effets de volumes caractérisent sa façade Art Nouveau conçue par Jules Lavirotte. Quant aux sculptures, elles sont de Camille Alaphilippe, premier prix de Rome en 1898. Le fronton et la toiture ont été à juste titre inscrits au titre des monuments historiques, en 1964.

9ème

ARRONDISSEMENT

Buffault (rue)

A l'*Action Lafayette*, au **n° 9**, se retrouvaient il n'y a pas si longtemps (années 70) les cinéphiles parisiens fans de cinéma US. Films noirs, westerns, comédies musicales, mélos s'y succédaient et l'endroit était devenu le lieu de rendez-vous des *addicts* du 7ème art à la sauce hollywoodienne. Premier des cinémas *Action* de Causse et Rodon, en février 1968 l'*Action Lafayette* sera le siège du comité de soutien à Henri Langlois, délégué général de la Cinémathèque française - que le pouvoir, André Malraux en tête, voulait limoger.

Grandeur et décadence de l'*Action Lafayette* - et dernière trace de l'américanophilie des lieux - : le cinéma a de nos jours été remplacé par un *Carrefour… City*.

Cadet (rue)

C'est ici, au **n° 16**, que sont situés les locaux du Grand Orient de France, principale loge maçonnique française. Elle y réside depuis 1858… avec une petite interruption de 1940 à 1944, l'occupant nazi et le régime de Vichy ayant à l'époque une dent contre le « complot ploutocratique judéo-maçonnique universel »…

Capucines (boulevard des)

Au **n° 14** se trouvait jadis le *Grand Café*, où - on peut le dire - est né le Cinéma. Ici furent en effet projetées pour la première fois, dans le salon Indien du Café, les deux minutes de *La Sortie de l'usine Lumière à Lyon*, le 28 décembre 1895. Le Cinématographe - un tout nouveau procédé inventé par les frères Lumière et qui fut très décrié à l'époque - va finalement faire son chemin... À cet emplacement se trouve aujourd'hui le *Café Lumière* de l'*Hôtel Scribe*.

De Bécaud à Piaf, des Rolling Stones à James Brown, de Coluche à Florence Foresti, moult artistes ont foulé les planches de L'*Olympia*, la célèbre salle du **28** boulevard des Capucines. La légende veut que les Beatles aient donné leur premier concert en France ici, le 16 janvier 1964. Ce n'est qu'en partie vrai puisque les *Fab Four* avaient joué la veille au cinéma *Le Cyrano* à Versailles, devant un peu plus de 1300 spectateurs. Dominique Chapuy, la fille du directeur du *Cyrano*, se souvient : « Les Beatles avaient leur hôtel payé, un sandwich avant le concert, un sandwich après et deux demis de bière. »... Quoi qu'il en soit, Bruno Coquatrix souhaitait monter un spectacle pour les jeunes mais estimaient que les quatre de Liverpool ne pourraient pas à eux seuls remplir la salle si longtemps (trois semaines). Il les engagera, mais avec pour vedettes principales... Sylvie Vartan et Trini Lopez !

De l'atelier boutique de Félix Tournachon, plus connu sous le pseudonyme de Nadar, il ne reste plus que la façade vitrée (au **n° 35**). L'atelier, qu'il occupa de 1860 à 1872, bénéficiait alors des dernières nouvelles techniques (verre et acier) et accueillait le Tout-Paris artistique venu se faire tirer le portrait par le génial photographe (Baudelaire - qui pourtant méprisait cette nouvelle invention -, George Sand, Maupassant, Delacroix…).

Chaptal (cité)

Théâtre de l'horreur et de l'épouvante où se jouent « tous nos cauchemars de sadisme et de perversion » (Anaïs Nin), le *Grand Guignol* était situé au **7** cité (anciennement impasse) Chaptal. A Pigalle, de 1897 à 1962, c'est ici qu'étaient montés les pièces comiques et les drames terrifiants appartenant à ce répertoire particulier. Genre méconnu et disparu, le *Grand Guignol* mettait en scène toutes les peurs et interrogations de l'époque : peur de la folie, peur des maladies contagieuses, peur du progrès, peur de l'étranger.... A chaque thème traité sur le mode dramatique correspondait une comédie.
De nos jours, il nous est resté l'expression du même nom qui désigne une épouvante dont le caractère exagéré, démesuré et loufoque vire au grotesque.

Chaptal (rue)

La mairie du 11ème arrondissement a souhaité combler une lacune et a à cet effet déposé une plaque au **11 bis** rue Chaptal. Là même où le poète chanteur cinéaste photographe acteur (stop, n'en jetez plus !) Lucien Ginzburg - alias Gainsbourg - a passé son enfance, de 1932 à 1947... « Pas dégueu ! » se serait exclamé le Grand Serge.

Au **n° 14** se trouvaient jadis les locaux du mensuel musical *Rock&Folk*. Ah ! *Rock&Folk*, la pierre de touche du journalisme rock hexagonal... L'auteur du présent ouvrage se rappelle y avoir été chiner d'anciens numéros, au mitan des années 70. Véritable madeleine de Proust pour votre serviteur... Toujours en activité plus de cinquante ans après sa création (novembre 1966), le siège du mythique journal a été depuis, malheureusement, transféré en banlieue - à Clichy.

Choron (rue)

Cet immeuble du **n° 4** accueillit de 1962 à 1968 une bande de joyeux drilles - la rédaction du journal satirique *Hara-Kiri*. D'abord vendu par colportage, *Hara-Kiri* devient vite un hebdomadaire. Un jour, une lettre arrive au courrier des lecteurs. Elle reproche aux journalistes : *«Messieurs, non seulement vous êtes méchants, mais en plus, vous êtes bêtes.»*. Hilares, les membres du journal décident alors d'adopter par dérision le slogan *«Bête et méchant»*... Coup de génie marketing s'il en fut. Pour la petite histoire, c'est bien du nom de cette rue que Georges Bernier, co-fondateur du périodique avec l'écrivain François Cavanna, tira son célèbre pseudonyme : le Professeur Choron... Par la suite et jusqu'en 1981, c'est au 10 rue des Trois Portes (dans le 5ème arrondissement) que l'on pouvait trouver les locaux d'*Hara-Kiri*. Ainsi que ceux de *Charlie-Hebdo*, l'autre emblématique journal créé par Cavanna et Choron.

Clichy (rue de)

Le 27 mars 1892, François Claudius Koënigstein, ouvrier et militant anarchiste plus connu sous le nom de Ravachol, prend l'omnibus pour se rendre rue de Clichy. Il dépose alors une bombe au deuxième étage du **n° 39**, où demeure le substitut de la République Bulot (Bulot s'était montré particulièrement sévère dans le jugement des trois militants libertaires Léveillé, Dardare et Decamps, l'année précédente). Finalement, sept personnes sont blessées et l'immeuble est ravagé. Après l'attentat, Ravachol va s'arrêter au restaurant Véry, sur le boulevard de Magenta, où il fait la connaissance de Jules Lhérot, garçon de café. Ce dernier émettant quelques critiques à propos du service militaire, Ravachol en profite pour lui exposer les théories anarchistes et antimilitaristes. Mis en confiance, il lui parle également de l'explosion qui vient d'avoir lieu, avant de s'en aller

tranquillement. Il sera finalement dénoncé... par le sympathique garçon de café susmentionné !
Alors, excès de confiance, naïveté ou simple vantardise ? Quoi qu'il en soit, le « Rocambole de l'anarchisme », qui s'était rendu coupable de multiples autres délits (vols, assassinats et attentats), sera guillotiné - le 11 juillet 1892 à Montbrison.

Drouot (rue)

Le *Golf-Drouot* se situait au **2** rue Drouot, au-dessus du - en son temps - célèbre *Café d'Angleterre*. C'est dans ce club que se produisirent, de 1961 à 1981, plus de 6 000 groupes de rock des années 1960-70... Des pointures, mais aussi des milliers d'inconnus, y tentèrent leur chance, devant un public averti. En vrac, liste non exhaustive : Johnny Hallyday, Eddy Mitchell (lequel travaillait tout près comme coursier au Crédit Lyonnais !), Jacques Dutronc, l'américain Gene Vincent, les anglais Vince Taylor, David Bowie et autres Who. Puis Magma, Ange... Jusqu'aux formations françaises post-punks (Dogs, Little Bob Story, etc). Après un ultime concert, le *Golf-Drouot* ferma ses portes, le 22 novembre 1981. Grandeur et décadence des lieux, le *Café d'Angleterre* est devenu depuis un fast-food, les locaux du *Golf* eux n'existant même plus. Seul une plaque signale maintenant l'existence de l'emblématique salle.

Faubourg-Montmartre (rue du)

C'est probablement l'inconnu le plus célèbre de toute la poésie française qui meurt ici, au **7** rue du Faubourg-Montmartre, à 24 ans. De la vie d'Isidore Ducasse (1846-1870), dit « Le Comte de Lautréamont », on sait très peu de choses si ce n'est que son influence sur la littérature fut énorme, en particulier chez les Surréalistes. Jusqu'à peu une plaque honorait les lieux. Malheureusement, posée à hauteur d'homme, elle fut un jour subtilisée - par un fan des *Chants de Maldoror* sûrement... A la même adresse dans la cour de l'immeuble, on trouve *Le Bouillon Chartier*, emblème gastronomique passé de prolo à bobo.

Au **n° 8**, on trouve le célèbre *Palace*, cette salle de spectacle qui fut de 1978 à 1995 un club parisien très en vogue. À l'origine, cinéma inauguré en 1912 sous le nom de *Gaumont Color*, le *Palace* devient, à la fin des années 1970, un lieu mythique, très lié à l'underground, à la musique pop et à l'émergence de la culture gay. Véritable maelström culturel, parmi ses habitués figuraient pêle-mêle : le journaliste *destroy* Alain Pacadis ; les couturiers Karl Lagerfeld et Jean-Paul Gaultier ; le sémiologue Roland Barthes, professeur au Collège de France ; Mick Jagger et le mannequin Jerry Hall ; Andy Warhol ; le journaliste Yves Mourousi ; Yves St-Laurent et Pierre Bergé ; les actrices Alice Sapritch et Pascale Ogier (laquelle meurt à la sortie d'une soirée passée ici) ; l'imitateur Thierry Le Luron ; l'homme de télévision Thierry Ardisson (qui, en 1988, utilisera les lieux pour le tournage de son

émission *Lunettes Noires pour Nuits Blanches*) ;
Jean-Charles de Castelbajac ; Thierry Mugler ;
Frédéric Mitterrand, etc, etc... Le *Palace* incarna
ainsi, selon le souhait de Fabrice Emaer (son
patron de l'époque dorée), l'utopie d'une vaste
fête démocratique, où riches et pauvres se
fondent dans l'ivresse de la nuit.

Grange-Batelière (rue de la)

Le passage Verdeau, dans le quartier des
Grands Boulevards, porte le nom de son
promoteur et principal actionnaire. Construit en
1846, il est l'un des passages couverts les plus
originaux de la capitale, dans le prolongement de
deux autres plus connus : le passage Jouffroy et
celui dit des Panoramas. De nombreux
antiquaires et boutiques pittoresques (cartes
postales et livres anciens, appareils photos de
collection...) y ont élu domicile. L'œil du visiteur
est attiré par les belles devantures des magasins
baignés de lumière, grâce à la haute verrière en
arête de poisson. L'entrée principale se situe au
niveau du **6** rue de la Grange-Batelière (un
deuxième accès se trouve au 31 bis rue du
Faubourg-Montmartre).

Italiens (boulevard des)

Le *Palais Berlitz*, immeuble de bureaux
occupant un quadrilatère formé par le boulevard

des Italiens et les rues Louis-le-Grand, de La Michodière et de Hanovre, fut le lieu d'une bien étrange - et bien déshonorante – exposition. Du 5 septembre 1941 au 5 janvier 1942, « Le Juif et la France » se présentait comme une entreprise d'éducation populaire - pour « aider les Français à reconnaître les Juifs par leurs caractéristiques physiques »... Utilisée par la propagande pour tenter de justifier les mesures discriminatoires prises par Vichy à l'encontre des israélites français, l'événement fut financé et organisé par l'*Institut d'Etude des Questions Juives*. Cette association privée créée avec le soutien du bureau de la *Propagandastaffel* allemande était placée, de fait, sous le contrôle direct de l'occupant nazi. Une exposition « pédagogique, scientifique et française » comme disaient les autorités de l'époque...

Le Peletier (rue)

N° 44, rue Le Peletier : jusqu'à son installation dans ses locaux de la place du Colonel-Fabien, cet immeuble abrita le siège du *Parti Communiste Français* - entre 1937 et 1971. Sauf pendant l'intervalle de l'occupation allemande où... la très anticommuniste *Milice française* s'y installa à son tour ! Bref, un immeuble au passé politique, heu... éclectique.

Liège (métro)

La station de métro *Liège* se trouve sous la rue du même nom. Ouverte en 1911 et initialement dénommée *Berlin*, elle fut rebaptisée ainsi en l'honneur de la résistance de cette ville de Belgique, lors de l'invasion allemande d'août 14 (De même et pour les mêmes raisons, le "café viennois" fut rebaptisé "café liégeois" par les serveurs de bistrots parisiens…). Située sur la ligne 13, la station continue aujourd'hui d'honorer cette région. En effet, dix-huit vastes mosaïques en céramique y représentent des lieux et monuments connus de la province belge. Installées en 1982, elles furent réalisées par les artistes Marie-Claire Van Vuchelen et Daniel Hicter et se répartissent sur les deux quais. Décoration unique dans le métro parisien.

Martyrs (rue des)

S'il semble bien que la communication avec les esprits des morts soit aussi vieille que l'humanité, le spiritisme moderne a lui été élaboré par le Français Léon Hippolyte Rivail (alias Allan Kardec, 1804-1869). Certains considèrent aujourd'hui le spiritisme comme la quatrième religion révélée après le judaïsme, le christianisme et l'islam - et une des plus pratiquée dans le monde. Il faut voir le culte qui est encore rendu à Rivail-Kardec par ses disciples sur sa tombe du Père-Lachaise, une des plus visitées du cimetière...

Celui qui paradoxalement se voulait avant tout un philosophe vécut au n° **8** de la rue des Martyrs. Il y écrivit son ouvrage principal *Le Livre des Esprits* - la bible du spiritisme, cette religion sans Dieu.

Montmartre (boulevard)

Les succès qu'avait obtenus la *Caverne des Voleurs* (premier musée de cire miniature du monde) incitèrent le dessinateur Alfred Grévin à créer un musée de cire présentant aussi bien des célébrités, des scènes d'actualité que des tableaux historiques. Le 10 janvier 1882, les parisiens ébahis purent, au **10** boulevard Montmartre, admirer - entre autres - Emile Zola, Henri IV, Bismarck ou Louise Michel... Le musée a toujours redouté les adeptes de magie noire, certains personnages portant la trace de tentatives d'envoûtement ! Une des victimes les plus inattendues de ce traitement fut l'acteur Fernandel. Est-ce parce qu'il était représenté dans son costume de Don Camillo ? En tout cas, son effigie fut retrouvée un beau matin lardée de coups d'épingle et d'aiguille. Prudemment, on retira - temporairement - le pauvre Fernandel.

Le passage des Panoramas (accès par le n° **11** boulevard Montmartre) est l'un des plus anciens passages couverts parisiens (1799). A l'origine existaient les deux rotondes dans lesquelles E.-J. Thayer montrait ses « panoramas » – un procédé de projection grand angle alliant le dessin, la photographie naissante et la peinture. Avec le succès que connurent ces spectacles, on décida de relier le lieu à un passage bordé de boutiques de luxe. Malgré la disparition des panoramas en 1831, le passage ne perdit rien de sa popularité car, situé tout près des Grands Boulevards, il était entouré de théâtres très fréquentés.

Le passage Jouffroy lui (aux n**os 10-12**) est l'un des derniers passages de la capitale à avoir vu le jour - en 1845. Son tracé dans l'axe du passage des Panoramas et sa structure en fer plus résistante et plus lumineuse furent sûrement les raisons de son succès immédiat. Il accueille des boutiques originales et spécialisées, ainsi qu'une galerie le reliant au Musée Grévin (voir ci-dessus).

Navarin (rue de)

Enfant du 9ème arrondissement, nul ne sut, comme François Truffaut, incarner l'âme du quartier Lorette-Martyrs des années 50. Le cinéaste y a forgé, à travers l'évocation de son enfance, ce qui deviendra son premier chef-d'œuvre : *Les 400 Coups*. Truffaut est né (le 6 février 1932) au **33** rue de Navarin, de parents qui se marieront quelques mois plus tard à la mairie toute proche. L'appartement était exigu et l'enfant n'avait pas le droit de jouer, sa mère ne supportant pas le bruit et son père (putatif) s'intéressant peu à lui. Il passa les neuf premières années de sa vie dans le quartier, en particulier chez sa grand-mère maternelle, laquelle lui transmit le virus de la lecture, chez un libraire de la rue Laffitte.

En incarnant la *Nouvelle Vague* et l'affirmation du décor naturel, le cinéaste offrit un cadre idéal pour une visite guidée des rues parisiennes - celles de ses jeunes années, dans le 9ème arrondissement et aux frontières du 18ème... C'est donc bien autour de la place Clichy qu'est né Antoine Doinel, plus fidèle porte-parole du cinéaste pendant près de vingt ans.

Autre enfant du quartier : votre serviteur - qui vécut dans la même rue... Tout près de ce bel hôtel particulier du **n° 9**. Lequel hôtel fut, au XIXème siècle, un établissement très spécial (*Chez Christiane*, maison close spécialisée dans le sadomasochisme et reproduisant le décor d'un château médiéval avec salles de tortures, chaînes et autres gibets !). Sa façade néo-gothique est encore aujourd'hui visible. Au **n° 7** donc, l'auteur vécut ses premières tendres années - en famille... et en tout bien tout honneur !

Pigalle (rue)

Usée par l'alcool et la drogue, la chanteuse Fréhel termine sa vie, le 3 février 1951, seule et misérable, dans un hôtel de passe de la rue Pigalle (au **n° 45**). A son enterrement, une foule immense vient lui rendre un dernier hommage. Monument de la chanson populaire, adulée par Piaf, Fréhel (de son vrai nom Marguerite Boulc'h) a influencé bon nombre de chanteurs et chanteuses. Ses airs, dont la célèbre *Java Bleue*, ont fait danser plusieurs générations et inventé un style : la chanson réaliste - mélancolique et sombre à la fois.

Provence (rue de)

Fils d'un ingénieur aux *Charbonnages de France* qui l'initie à la musique dans l'appartement familial du **67** rue de Provence, Jacques Dutronc est aussi l'enfant du 9ème arrondissement. Il fait ses études à l'école communale de la rue Blanche, au lycée Rocroy-St-Vincent-de-Paul, rue du Faubourg-Poissonnière et au lycée Condorcet de la rue du Havre. Issu de la « Bande de la Trinité » (Hallyday, Eddy Mitchell, Long Chris…), il est tour à tour guitariste, assistant de directeur artistique, compositeur, et va vite se retrouver bombardé chanteur. A son corps défendant puisque ses premières chansons étaient destinées à un certain Benjamin - resté inconnu lui ! C'est ainsi que va voir le jour *Et moi, et moi, et moi* (1966) - auquel succèderont une ribambelle de classiques des années 60 : *Mini, mini, mini, Les gens sont fous, Les Play-boys, J'aime les filles, Le plus difficile, Il est cinq heures…* Cité à l'Assemblée Nationale par le futur président de la République Georges Pompidou (*Les Cactus*), il fera aussi une belle carrière d'acteur - « classieuse » comme aurait dit son grand ami Gainsbourg : *L'important c'est d'aimer* (Zulawski), *Y-a-t-il un français dans la salle ?* (J.-P. Mocky), *Van Gogh* (Pialat), *Sauve qui peut (la vie)* (Godard), *Merci pour le chocolat* (Chabrol)… Pas mal pour

« le plus grand des artistes feignants », maintenant exilé sur l'Île de Beauté.

Le *One-Two-Two* était l'une des plus luxueuses maisons closes de Paris dans les années 30 et 40. Le nom était tiré de son adresse, **122** rue de Provence, - en anglais donc pour attirer une clientèle internationale sûrement... Elle disposait de chambres à « thème » - celle dite des supplices, la cabine de paquebot transatlantique, le grenier à foin, la chambre igloo... À l'origine ancien hôtel particulier du prince Murat, il offrait au total sept étages - aux volets blancs toujours hermétiquement clos. C'était un lieu fréquenté par la haute société, où l'on se rendait tant pour y être vu que pour goûter au charme de ses « pensionnaires ». Durant l'occupation allemande, le *One-Two-Two*, à l'image du *Chabanais* (de la rue du même nom) fut le lieu de « détente » des officiers de la *Wermacht*... Souvent on y rencontrait aussi les membres de la *Gestapo* française, la sinistre « Carlingue » de la rue Lauriston (Pierre Bonny, Henri Lafont et consorts) – lesquels contribuèrent à donner une réputation sulfureuse à l'établissement.
Le *One-Two-Two* termina son existence en 1946, après le vote de la loi Marthe-Richard et la fermeture des bordels en France. Les maisons closes portaient enfin bien leur nom...

Richer (rue)

Francisco Ferrer – qui vécut au **26** rue Richer - était un libre penseur, pédagogue et militant libertaire espagnol. Professeur, il s'attacha très vite à la création d'une école laïque et rationaliste « libérée de l'emprise de l'église, de l'Etat, des dogmes et des superstitions ». Ainsi naît *L'Escuela Moderna* (1901) - initiative qui va lui attirer la haine durable de l'église, laquelle détient en Espagne le monopole de l'éducation... Exilé à Paris depuis plusieurs années, Ferrer est de passage à Barcelone lorsqu'éclate une grève générale - la "Semaine Tragique" - qui fera un total de 112 morts. Rendu (à tort) responsable de l'insurrection, il est arrêté, jugé et condamné à mort, après une parodie de procès. Le 13 octobre 1909 on le fusille dans les fossés de la forteresse de *Montjuich*, à Barcelone. Mais l'émotion internationale suscitée par son exécution ne restera pas sans échos, et des Ecoles Modernes essaimeront partout dans le monde - de Suisse jusqu'en Amérique du Sud. Au 26 rue Richer, lieu de son exil parisien, a été apposée une plaque commémorative, inaugurée le 13 octobre 2010.

Victor-Massé (rue)

Du *Chat Noir*, on connaît principalement la célèbre affiche, devenue l'emblème d'un Paris aussi pittoresque que fantasmé, et reproduite à tout-va dans les boutiques de souvenirs. Pourtant, derrière cette lithographie se cache un cabaret emblématique de la culture montmartroise, bastion de la bohème artistique à la fin du XIXème siècle. Ce haut lieu de la Belle Époque fut fondé par Rodolphe Salis en 1881, au 84 boulevard Rochechouart (avant son installation au **12** rue Victor-Massé - ancienne rue de Laval). Alphonse Allais, qui vivait au **n° 24** de la même rue, y avait ses habitudes, ainsi que toute une pléiade d'artistes (le chansonnier Aristide Bruant, les poètes Charles Cros et Maurice Rollinat, les écrivains Laurent Tailhade, Jean Lorrain, Léon Bloy, etc...).

10ème
ARRONDISSEMENT

Alsace (rue d')

Terminé en 2006, ce mur « vert » - le plus grand de Paris - mesure 70 mètres de long et atteint par endroits 27 de hauteur. Il a été construit par l'entreprise *Atelier du Soleil* et est visible à l'intérieur d'un îlot situé au **21**, rue d'Alsace, bordant une rue traversière qui le relie à la rue du Faubourg-St-Denis. C'est la plus importante réalisation (1400 m² de superficie) de Patrick Blanc, célèbre biologiste botaniste et inventeur du concept de murs végétalisés.

Brady (passage)

Les travaux du passage Brady ont commencé en 1825 ; les maîtres d'ouvrage étant M. Briavoine, négociant de son état, et M. Brady, un commerçant. Ouvert le 15 avril 1828, le projet initial prévoyait une « promenade couverte dans toute sa longueur » abritant cent treize magasins avec logements au-dessus. Initialement, il reliait la rue du Faubourg-St-Denis à la rue du Faubourg-St-Martin, avant d'être scindé en deux par la percée du boulevard de Strasbourg (1852). Le passage Brady, haut en couleurs, populaire et bigarré (comme le quartier où il se trouve) est bien moins connu que d'autres passages parisiens (Choiseul, des Panoramas, etc...). Il n'en demeure pas moins qu'il mérite largement le détour, comme en témoigne son inscription - depuis le 7 mars 2002 - au titre des monuments historiques.

Chabrol (rue de)

Au **n° 51** se trouvait à la fin du XIXème siècle l'immeuble du *Grand Occident de France*, une ligue antisémite et antimaçonnique (son nom faisait directement référence au *Grand Orient de France*, principale loge maçonnique française). Jules Guérin, journaliste et membre de la Ligue, y soutint avec des amis, du 13 août au 20 septembre 1899, une confrontation mémorable avec la police, dans le cadre de l'agitation antidreyfusarde qui secouait le pays. Après trente-huit jours, la mascarade prit fin et on arrêta toute la bande à Guérin - ces précurseurs d'idées nauséabondes qui feront florès en France quarante ans plus tard...

De cet épisode rocambolesque nous est restée l'expression « Fort Chabrol », laquelle désigne une situation où un individu – généralement armé et parfois avec des otages – se retranche dans un immeuble assiégé par les forces de l'ordre.

Château-d'Eau (rue du)

Cette petite maison d'un seul étage détient bien le record en matière d'étroitesse. En deuxième et troisième positions, on trouvera celles du 12, rue St-Séverin (habité en son temps par l'abbé Prévost) et celle du 39, rue de la Bûcherie, toutes deux dans le 5ème arrondissement de la capitale. Mais celle du **39** rue du Château-d'Eau détient bien la palme : 1m10... Qui dit mieux-moins ?

Dunkerque (rue de)

Oeuvre inaugurée le 3 octobre lors de la Nuit Blanche de 2015, *Maison fond* est une allégorie de notre monde, menacé par les changements climatiques. Cette installation monumentale imaginée par l'artiste argentin Leandro Erlich a été commandée par la Ville de Paris, dans le cadre du projet "Les œuvres d'art investissent la ville". S'inspirant de l'univers du quotidien, qu'il subvertit, Erlich nous offre un immeuble qui « fond » littéralement - à l'instar de la banquise - devant la Gare du Nord ! Image surréaliste mais qui pourrait - si les hommes ne changent pas de comportements - s'avérer un jour bien réelle.

Le *PILI...* Quatre initiales signifiant *"Plan Indicateur Lumineux d'Itinéraires"*. Il s'agit de ces fameux plans de métro lumineux qui permettaient jadis aux usagers de définir le parcours optimal. Quel enfant n'a jamais essayé de "piéger" ce dispositif qui avait toujours le dernier mot ? Inauguré en 1937, la modernité du système rencontrera un tel succès que 80 étaient déjà installés l'année suivante, le record étant atteint en 1981 avec plus de 180 appareils sur tout le réseau. C'est ici, gare du Nord (**18** rue de Dunkerque), que l'on peut admirer un des derniers exemplaires encore en « circulation ». Le *PILI*, devenu « obsolète » et daté, a depuis été remplacé par... de bons vieux plans muraux ! On n'arrête pas le progrès.

Enghien (rue d')

Adolphe Bertron, le *Candidat humain*, habitait au **48** de la rue d'Enghien, sous le Second Empire. Riche négociant, perçu par ses pairs comme légèrement fou, il se présentait à toutes les élections, faisant l'apologie de l'humanisme, de la philanthropie et du sexe dit « faible » (il proposa même de créer une assemblée parlementaire exclusivement féminine). Son programme était en quelque sorte une synthèse de toutes les utopies du siècle.

Malgré des scores électoraux invariablement médiocres, il continua toute sa vie de battre campagne et multiplia les dépenses "*humanitaires*" en invitant à sa table des élus, des personnalités... Sans succès. Alors, idéaliste sincère ou gugusse totalement givré ? Quoi qu'il en soit, Adolphe Bertron mourut de sa belle mort à 82 ans - toujours candidat, toujours humain.

Grange-aux-Belles (rue de la)

On pense généralement que le gibet de Montfaucon était situé sur une butte circonscrite par les rues des Ecluses-St-Martin, Louis-Blanc et de la Grange-aux-Belles - des travaux ayant permis de découvrir un charnier dans un sous-sol de cette dernière (au **n° 57**).

Le gibet, au moment de son plus grand développement (XVème siècle), consistait en une construction massive sur laquelle étaient dressés des piliers entre lesquels les suppliciés étaient pendus. Tous les éléments de la construction étaient montés sur une plateforme, en un grand appareillage de pierres de taille cimentées entre elles. Anecdote curieuse : à l'époque, le pendu était gracié si la corde cassait ou qu'une femme le réclamait pour époux... Faut-il y voir là l'origine de l'expression « se mettre la corde au cou » ? Quant à l'étymologie du mot « gibet », la plupart des auteurs la font remonter à l'arabe *djebel* (montagne), les lieux patibulaires étant en effet toujours placés au sommet d'une éminence.

Jemmapes (quai de)

Les touristes qui ont vu *Hôtel du Nord* viennent au **n° 102** en pèlerinage -, tandis que les Parisiens cinéphiles redécouvrent le canal Saint-Martin et le quai de Jemmapes... C'est ici, dans cet hôtel bien ordinaire, qu'Eugène Dabit écrivit son roman, lequel donna l'idée à Marcel Carné d'en faire un film. Mais, à l'exception de quelques plans, celui-ci a en fait été tourné aux studios de Billancourt, où l'hôtel et le canal Saint-Martin avaient été entièrement reconstitués (par le chef décorateur Alexandre Trauner). Le dénivelé de l'écluse était absent du décor (et donc du film) et selon le journaliste Michel Souvais : « Tout avait l'air vrai parce que tout était faux ».
L'établissement n'est plus un hôtel mais est toujours en activité sous la forme d'un restaurant-bar-salle de concert. Il a été complètement restauré par Julien Labrousse en 2005 et déploie une petite terrasse et un mini patio. En 1989, la mythique façade a été classée à l'inventaire des Monuments historiques.

La Fayette (rue)

C'est le genre d'édifice d'un certain âge devant lequel on peut passer tous les jours sans rien remarquer d'étrange. Et pourtant, cet immeuble du **145** rue La Fayette est factice ! Soit, avec une porte, un garage, des fenêtres, des balcons, il parait plutôt normal. Mais à y regarder plus attentivement... La façade ? Manifestement pas entretenue. L'entrée ? Pas de digicode, d'interphone ou de nom, mais une grille d'aération. Les portes ? Pas de poignées. Les fenêtres ? Opaques de saleté, et donnant sur des grilles à travers lesquelles on distingue plafonds et murs couverts de suie... Bref, cet immeuble est un faux. Il abrite en son sein une vulgaire cheminée d'aération, pour le RER tout proche. Bien curieux stratagème pour la cacher... (Allez donc sur Internet, cherchez une carte du quartier des toits et zoomez sur le n° 145, vous verrez l'orifice béant, cratère noir contrastant avec les toits en zinc.)

Au **n° 237** existait jadis une maternité - qui ferma ses portes en 1989. Oui très bien et alors, pourrait-on se demander ? Hé bien, sachez que c'est ici, dans cet immeuble haussmannien que naquit... votre serviteur ! Le lecteur en mal de lieux mémorables à visiter se devait absolument de le savoir.

Lancry (rue de)

Janvier 1975, un petit groupe de jeunes gens - le scénariste Jean-Pierre Dionnet, les dessinateurs Philippe Druillet et Moebius et le mécène/homme d'affaires Bernard Farkas - décide de fonder un magazine d'un style nouveau. Mêlant cinéma de genre, rock et surtout bande dessinée, il prend pour nom *Métal Hurlant* et sera publié aux éditions des *Humanoïdes Associés*. De toutes les revues de BD nées de l'après-68 (*Charlie, L'Écho des savanes, Fluide Glacial*...), *Métal Hurlant* fut indéniablement la plus créative, la plus intéressante,... la plus excitante. Elle sut, au sommet de sa gloire, rassembler jusqu'à cent mille lecteurs, soignant particulièrement son design et la qualité de ses intervenants (Alexis, Gotlib, Nikita Mandryka, Tardi, Enki Bilal, Caza, F'murr, Serge Clerc, Margerin, Chantal Montellier, Alejandro Jodorowsky, Philippe Manœuvre, etc, etc...). Ici, au **41** rue de Lancry, se trouvaient les locaux de la légendaire revue.

Léon-Jouhaux (rue)

C'est dans cette rue (au **n° 2**) que Louis Daguerre lança, en 1822, son diorama. C'est aussi à cette adresse que se trouvait son laboratoire, où il travailla à la mise au point du daguerréotype. Le diorama était « un dispositif de présentation par mise en situation ou mise en scène d'un modèle d'exposition (personnage ou animal), le faisant apparaître dans son environnement habituel » - un cinéma du pauvre en quelque sorte, mais avec 70 ans d'avance tout de même... Il fut détruit en 1839 dans un incendie. Quant au daguerréotype, cette technique photographique permettait d'enregistrer et d'afficher, de façon exploitable, une image permanente. Le daguerréotype était donc devenu en son temps le premier procédé photographique à pouvoir être utilisé commercialement.

Gloire donc à Louis Daguerre le « presque-inventeur » ! (Une plaque commémorative a été apposée ici en son honneur.)

Prado (passage du)

Le passage du Prado, entre le boulevard de Strasbourg et la rue du Faubourg-St-Denis, est un curieux mélange de décrépitude et de charme dépaysant. Son tracé en coude de 120 mètres est articulé autour d'une place carrée, rotonde couronnée d'une coupole octogonale. L'existence du passage, un des plus anciens de Paris, est attestée dès 1785. Il s'appelle alors le passage du Bois-de-Boulogne, du nom d'un bal public qui s'y est établi. En 1930, il est couvert et une nouvelle verrière est installée, s'inspirant de l'Art déco. Le lieu prend alors le nom de passage du Prado, en référence au musée madrilène, sans que l'on sache vraiment pourquoi... Ambiance pittoresque, entre le glauque et le suranné, l'endroit - sans que ce soit un coupe-gorge - est tout de même à éviter en fin de journée.

Tesson (rue)

Dans les années 70, l'esprit libertaire post-mai 68 pousse une génération d'auteurs à sortir des contraintes imposées par la bande dessinée classique. Ainsi, plusieurs dessinateurs du magazine *Pilote* partent fonder leur propre revue, parmi lesquels Gotlib, Alexis et Jacques Diament qui créent *Fluide Glacial*, le 1er avril 1975.
Magazine où l'humour (l'« umour », clin d'œil à Jacques Vaché) est bon enfant et libéré, anar sans être forcément politique, et toujours décalé - *Fluide* va au fil des décennies être le creuset de nombreuses séries « à succès » : *Les Bidochon, Superdupont, Jean-Claude Tergal, Gai-Luron, Sœur Marie-Thérèse, Carmen Cru* ou encore *Cosmik Roger*. La publication tire son nom d'un article de farces et attrapes (le fluide glacial, ampoule de verre qui - une fois brisée - libère un liquide que l'on peut répandre sur un siège afin de « glacer » le postérieur de celui qui va s'asseoir...). *Fluide Glacial* existe toujours et est publié par les éditions *AUDIE* (Amusement Umour Dérision Ilarité Et toutes sortes de choses), au **4** rue Tesson.

Vinaigriers (rue des)

La rue des Vinaigriers, ancienne « Carême-Prenant », constituait jadis un raccourci dans le dédale des rues pour aller à l'hôpital Saint-Louis. Après un brusque coude, elle se dirigeait vers le boulevard Magenta, qu'elle traverse encore de nos jours, pour se terminer en plein milieu de la rue du Faubourg-St-Martin. Or, la partie située avant le coude fut renommée en 1946 (rue Jean-Poulmarch). Et comme la numérotation n'a pas été revue, la nouvelle voie occupe les premiers numéros et la rue des Vinaigriers (ou ce qu'il en reste) commence au... n° 26 ! Mais que fait donc la Mairie de Paris ?!?

11ème ARRONDISSEMENT

Bastille (place de la)

Le 14 juillet 1789, les vainqueurs de la Bastille furent surpris de n'y trouver que... sept prisonniers. Quatre minables escrocs ; plus un certain Tavernier (enfermé depuis 1759 pour complicité présumé dans l'attentat de Damiens contre Louis XV), le comte de Solages (détenu à la demande de sa famille pour inceste) et un certain De Wytthe, un pauvre fou qui se prenait pour César et que l'on dut interner à Charenton. Quant au Marquis de Sade qui n'avait cessé de faire du grabuge depuis quelques jours pour rameuter les émeutiers, il venait tout juste - manque de chance - d'être transféré... En fait comme symbole de l'absolutisme royal, les émeutiers (qui cherchaient avant tout à s'emparer du stock de poudre de la forteresse) s'attendaient sûrement à mieux...

Croix-Faubin (rue de la)

Dans l'une des rues les plus animées du 11ème arrondissement se cache l'un des rares vestiges... de la guillotine. Très discrètes, ces traces ne se remarquent que si l'on sait où regarder. C'est donc à l'angle des rues de la Croix-Faubin (**n° 16**) et de la Roquette, au niveau du passage piéton, que l'on peut découvrir cinq dalles incrustées dans le bitume. Celles-ci permettaient, jusqu'à la toute fin du XIXème siècle, de caler l'échafaud sur lequel se trouvait le « Bascule à Charlot ». Par la suite, la plate-forme fut supprimée et la guillotine installée à même le sol. La machine à couper les têtes était ainsi beaucoup plus stable et la lame pouvait glisser parfaitement jusqu'à la nuque du condamné, pour son plus grand confort... Déjà à l'époque on n'arrêtait pas le progrès.

Faubourg-Saint-Antoine (rue du)

Au niveau du **n° 71** de la rue du Faubourg-St-Antoine, on peut avoir accès à une petite cour intérieure, la Cour des Shadoks... Les Shadoks, cette série télévisée des années 60-70 - servie par l'inimitable voix de Claude Piéplu - fut en son temps un véritable chef-d'œuvre de philosophie comico-absurde. Son créateur, le trop peu connu Jacques Rouxel, habita l'immeuble attenant.
Admirons donc les sympathiques volatiles sculptés, et hurlons tous d'une voix stridente la célèbre formule : « Gabuzomeu ! ».

Fontaine-au-Roi (rue de la)

« Dans la rue de la Fontaine-au-Roi résista la dernière barricade de la Commune de Paris défendue par ses chefs E. VARLIN, T. FERRÉ et J.B. CLÉMENT. Elle succomba vers midi le 28 mai 1871, au terme de la "Semaine Sanglante". 120 ans après, le Parti Socialiste et son Premier Secrétaire Pierre MAUROY rendent hommage au Peuple de Paris qui voulut changer la vie, et aux

166

30.000 fusillés du "Temps des Cerises". 28 mai 1871 / 28 mai 1991 ».

Ainsi, cette rue du 11ème arrondissement a officiellement été désignée comme le lieu de la dernière barricade de la Commune. En fait, rien n'est moins sûr... Encore et toujours sujet à controverse, de nombreux historiens continuent de la situer plutôt rue Haxo (dans le 20ème arrondissement), ou bien rue Ramponneau (toujours dans le 20ème)... Voire même rue de la Pierre-Levée (dans le 11ème) ! Mais bon, il fallait bien se décider et trouver un emplacement pour la plaque au texte susmentionné, elle fut donc finalement apposée au **n° 17** de la rue de la Fontaine-au-Roi.

Nicolas-Appert (rue)

Le 7 janvier 2015, à 11h30, deux hommes armés de fusils d'assaut pénètrent dans les locaux de *Charlie Hebdo* (au **10** rue Nicolas-Appert). Ils y assassinent douze personnes dont huit membres de la rédaction : les dessinateurs Cabu, Charb, Honoré, Tignous et Wolinski, l'économiste et chroniqueur Bernard Maris, la psychanalyste Elsa Cayat et le correcteur Mustafa Ourrad. Cet évènement aura un retentissement considérable, aussi bien en France qu'à l'étranger. Le 11, quarante-quatre chefs d'État et de gouvernement participent à une « marche républicaine » (manifestation qui va rassembler un million et demi de personnes à Paris) tandis que, sur deux journées, plus de quatre millions de Français défilent dans tout le pays... Une mobilisation qui n'empêchera pas d'autres fous de Dieu de frapper de nouveau à

Paris en novembre de la même année, au *Bataclan* et sur plusieurs terrasses de restaurants.

Oberkampf (rue)

Figure majeure de la variété (!) française, provocateur dans l'âme, Michel Polnareff est un personnage unique dans le paysage musical hexagonal. Ses titres (*Le Bal des Lazes, Je suis un homme, Holidays, Lettre à France*, etc...) lui confèrent un statut de légende - comme l'atteste le succès de son retour (2015) et son nouvel album (*Enfin !*) sorti en 2018. Dans l'appartement familial de la rue Oberkampf (au **n° 24**), le jeune Michel - bien qu'issu d'une famille d'artistes (papa musicien, maman danseuse) - n'avait pas droit au rock'n'roll. Alors, en rupture de ban, il remplit des cahiers entiers de chansons. Puis il laissa aller son inspiration sur les marches du Sacré-Cœur, quitte à dormir dans le métro... Heureusement, le succès arriva rapidement avec *La Poupée qui fait non* (1966) - un départ en fanfare pour ce génie de la chanson française, mélodiste hors pair.

République (avenue de la)

Cette longue avenue du 11ème arrondissement a ceci de particulier... qu'elle n'a rien de particulier. Ah si, la plaque de numérotation au **90 bis**. Ou plutôt les deux, devrait-on dire... Elles se suivent à dix mètres de distance, et au-dessus de deux portes différentes. Pas très pratique pour les habitants quand ils rentrent le soir avec un coup dans le nez...

Saint-Bernard (rue)

En novembre 1846, l'abbé Haumet, curé de Ste-Marguerite, prévoit des travaux dans son église du **n° 36**. Un cercueil en plomb est découvert, contenant des ossements - dont un crâne portant l'inscription : « L... XVII (1787-1795) »... Alors, Louis est-il bien mort au Temple puis enterré à Ste-Marguerite ? Lors de l'exhumation de 1846, on découvre les restes d'un jeune homme ayant eu la tuberculose... Un jeune homme de 16 ans, alors que Louis est mort à 10 ans... En 1894, rebelote et nouvelles analyses. L'enfant a bien 16 ans, rien à voir donc avec le dauphin. En revanche, un des médecins qui a autopsié le corps au Temple a subtilisé son cœur et l'a conservé. Grâce à lui, pour prouver l'identité du dauphin, on procède en 2000 à des analyses A.D.N., sur des cheveux de la Reine et sur du sang d'une de ses descendantes. Résultat : le cœur a bien un lien de parenté avec Marie-Antoinette ! Le doute n'est plus permis : Louis XVII est bien mort au Temple en 1795. Du coup, le 8 juin 2004, le cœur du petit Louis est déposé dans la crypte de la Basilique de Saint-Denis. Pour ce qui est des restes de l'église, on est toujours sûr de rien...

Temple (boulevard du)

Mais qu'était-ce donc que le « Boulevard du Crime » ? Une impasse sombre, repère de criminels ? Une avenue tristement célèbre pour ses vols ? En fait, rien de tout cela... Le Boulevard du Crime est le nom qui fut donné, à partir des années 1830, au boulevard du Temple, cette artère située entre les 3ème et 11ème arrondissements. Bordée de dizaines de théâtres où se produisaient saltimbanques, pantomimes, marionnettes et acrobates, près de 20 000 personnes s'y retrouvaient tous les soirs, selon les chroniques de l'époque. Et c'est donc de toutes les représentations de ces soirées théâtrales qu'est apparu le nom du boulevard... Car bien sûr les pièces en question tournaient la plupart du temps autour d'histoires criminelles.

Malheureusement, le Baron Haussmann fera détruire toute la partie Est du boulevard - lors des grands chantiers de réorganisation de Paris. Les théâtres disparurent donc, tous sauf un, le Théâtre *Déjazet*, encore debout aujourd'hui et qui était le seul à se trouver sur le côté Ouest. Pour retrouver un peu de l'ambiance et de l'incomparable atmosphère du boulevard du Crime, on se référera au célèbre film de Marcel Carné, *Les Enfants du Paradis*. Il recrée à merveille la poésie de cet endroit unique de l'Histoire de la capitale.

Voltaire (boulevard)

Le vendredi 13 novembre 2015, aux alentours de 21h20, une série d'attaques terroristes débute dans la capitale. L'horreur frappe simultanément à six endroits différents, et en particulier au *Bataclan*, salle de spectacles du **50** boulevard Voltaire. Là, un commando de quatre hommes a frappé à l'arme lourde, lors d'un concert rock. Le bilan est d'au moins 90 tués. Avec les autres attentats de la soirée (Paris : rue de Charonne, rues Bichat et Alibert, rue de la Fontaine-au-Roi et à un autre endroit du boulevard Voltaire, plus le Stade de France à St-Denis), le total des victimes s'élève à 430 : 130 tués et 300 blessés, dont 99 graves. La tuerie est revendiquée par l'État Islamique. C'est l'acte terroriste le plus grave en France depuis la Seconde Guerre mondiale, et la première fois qu'ont lieu des attentats suicides dans le pays.

''Terroristes, chapitre II'' : Comment le devient-on par dépit amoureux ? A 19 ans, le jeune Emile Henry était totalement épris d'une certaine Mme Elisa Gauthey - laquelle habitait **167** boulevard Voltaire - et qui s'empressa de rejeter le jeune impétrant... La face du terrorisme en aurait-elle été changée si elle avait succombé au charme d'Emile ? Car c'est ce même Emile Henry (« un enfant parfait, le plus honnête qu'on puisse rencontrer » d'après un de ces professeurs) qui sera l'auteur de deux des pires attentats anarchistes de cette fin de (XIXème) siècle : celui de la rue des Bons-Enfants (8/1/1892) et celui du *Café Terminus* à la gare St-Lazare (12/2/1894). Ces actions furent loin de faire l'unanimité parmi les - vrais - anarchistes. Ainsi, Élisée Reclus, intellectuel du mouvement et savant renommé, déclara que « tous les attentats dans le genre de celui du *Terminus*, les vrais compagnons les considèrent comme des crimes »… Et donc, morale de l'histoire : la vocation anarcho-terroriste d'Emile Henry, à quoi a-t-elle tenu finalement ? Peut-être à un simple rendez-vous refusé par la belle Elisa Gauthey.

12ème ARRONDISSEMENT

Aligre (place d')

Entre les places de la Bastille et de la Nation, se tient, six jours par semaine, le marché Beauvau - aussi appelé marché d'Aligre (du nom de la petite place où il est situé). Celui-ci est divisé en deux parties : dans de très belles halles, le marché couvert (datant de 1779, reconstruit en 1843) est dédié aux étals alimentaires. On y trouve pêle-mêle des enseignes telles que le café *Aouba*, la fromagerie *Langlet-Hardouin*, la *Boucherie Végétarienne* ou encore les huiles et les épices de la boutique *Sur les Quais*. Le marché découvert lui se déploie sur la place même et déborde dans la rue d'Aligre. Il comprend une partie alimentaire et de nombreux et pittoresques brocanteurs (accessoires ménagers, tissus, vieux livres...).

Bercy (rue de)

Organisme privé financé par l'État et par un grand nombre de mécènes, situé depuis 2005 dans un bâtiment construit par Frank Gehry (l'architecte – entre autres – du musée Guggenheim de Bilbao), la Cinémathèque française se dédie à la préservation, la restauration et la diffusion du patrimoine cinématographique. Avec plus de 40 000 films et des milliers de documents et d'objets liés au cinéma, elle constitue une des plus grandes bases de données mondiales sur le 7ème art et une continuation de l'œuvre d'Henri Langlois (co-fondateur en 1936 de la première

Cinémathèque). La petite esplanade devant le musée du **n° 51** porte d'ailleurs son nom.

Ceinture-du-lac-Daumesnil (route de)

Ici, à la lisière du bois et tout près du lac Daumesnil, deux groupes de bâtiments composent un centre bouddhiste tibétain : un véritable temple (construit en 1985) et, transformés en pagodes, les pavillons de l'exposition coloniale de 1931... du Cameroun et du Togo ! Tous les jours, à l'ombre du plus grand bouddha d'Europe (neuf mètres de haut) et aux sons des gongs et des mantras, les disciples y pratiquent des séances de méditation. Le site, qui est le siège de l'*Institut International Bouddhique*, ne se visite pas habituellement mais ouvre ses portes au public à l'occasion de grands évènements telles que la Fête du bouddhisme (en mai) ou le Festival du Tibet (en septembre).

Charenton (rue de)

Au **n° 50-52**, un message gravé sur une plaque laisse croire au jeu résolument absurde d'un humoriste parisien : « Le 17 avril 1967, ici il ne s'est rien passé ». Un petit bout de poésie surréaliste au coin de la rue...
Dans le même genre, le « Cette plaque a été posée le 19 décembre 1953 » - sans autre précision aucune ! -, situé au coin des rues Vivienne et des Petits-Champs (dans le 2ème arrondissement), n'est pas mal non plus.

Charles-Bossut (rue)

C'est ici, au **n° 1**, que vécut en exil, au lendemain de la Guerre d'Espagne, Enrique Líster Forjan. Ce militant du Parti Communiste Espagnol - malgré sa responsabilité dans l'élimination des anarchistes et autres antistaliniens - fut l'un des rares dirigeants militaires de valeur du camp républicain. Pour cela, il fut nommé à la tête des forces armées de la République. Après le conflit espagnol, il réussit l'exploit de vivre ici, incognito et sans être inquiété, pendant une bonne partie de l'Occupation... Avant de partir pour un nouvel exil en URSS (1942), et de revenir finir ses jours en Espagne à la mort de Franco.

Crémieux (rue)

Dans ce petit coin préservé du 12ème arrondissement, le charme opère : une petite voie de 144 mètres, pavée et piétonne, et qui offre aux visiteurs le sentiment d'avoir quitté Paris... Ici, point de demeures haussmanniennes ou d'immeubles sans âme, mais des pavillons au charme bucolique. Leur particularité ? Les façades font la part belle aux couleurs douces et pastel. Du vert au n° 21, du bleu au 22, du violet au 23, du jaune au 24, du rose au 30... La lumière jouant avec toutes ces couleurs, elles rappellent les façades de Portobello à Londres ou de Burano à Venise. Malheureusement, la rue Crémieux commence à être victime de son succès et on n'est souvent pas seul à venir la photographier. Un petit conseil : y venir tôt le matin avant la horde des touristes.

Daumesnil (avenue)

Le 6 novembre 1946, l'ennemi public n° 1 et chef du « Gang des Tractions Avant », est blessé lors d'un braquage. En prenant la fuite, il semblerait que, fortement alcoolisé, il se soit tiré accidentellement une balle dans le bas-ventre ! Ses complices le font alors hospitaliser sous un faux nom à la clinique *Diderot*, au **40** avenue Daumesnil. Trois jours plus tard, déguisés en infirmiers, ils l'extraient de l'établissement pour le conduire chez un complice - où il succombera à ses blessures... Fin de cavale pour Pierre Loutrel alias *Pierrot le fou*, lequel avait terrorisé la France d'après-guerre et qui sera finalement enterré en catimini sur une île de la Seine, près de Limay.

Face à la promenade plantée, au **n° 80**, douze gigantesques statues, copies de *l'Esclave Mourant* de Michel-Ange. Elles couronnent le sommet de l'édifice, dans une attitude d'extase mi-féminine, mi-ambiguë. L'architecte, Manuel Nuñez Yanowsky, a pris soin d'évider le corps des esclaves, afin d' « aérer » les balcons entre les statues. Autre originalité : en bas de l'immeuble se trouve… un commissariat !

Au **n° 186**, on trouve la curieuse église du Saint-Esprit. Haute de 85 mètres, elle fut construite en béton armé, de 1928 à 1934 - par l'architecte Paul Tournon (1881-1964). Sa façade d'entrée donnant sur l'avenue est bizarrement agencée - la nef se trouvant « décalée », dans un axe bordant la rue Cannebière. Extravagante façade latérale en vérité, longue de 55 mètres et ornée de sculptures représentant les Arts et Métiers. La coupole, véritable prouesse architecturale avec ses 22 mètres de diamètre et ses 33 de hauteur, est inspirée de l'ancienne église Sainte-Sophie de Constantinople (Istanbul). Tapissée de mosaïques figurant la colombe du Saint-Esprit, elle représente aussi les huit prophètes de l'Ancien et du Nouveau Testament, les douze apôtres et les douze prophètes.

Rythmée par des allégories, au milieu d'une faune abondante et d'une flore luxuriante, une superbe "tapisserie de pierre" de 1130 m² exalte les richesses coloniales et orne la façade du Musée de l'Immigration (**293**, avenue Daumesnil). Réalisée par Alfred Janniot, sculpteur spécialisé dans les décors monumentaux, elle se voulait une illustration des apports économiques des colonies, s'inscrivant dans le programme iconographique de l'exposition coloniale de 1931. De fait, le style sculptural des années 30 est mis au service d'une propagande douteuse : figures imposantes et musculeuses, visages ethniques reconnaissables et « simplifiés » selon les codes ethnographiques de l'époque. Pour toutes ces raisons, la façade faillit être détruite il y a quelques années, suite aux plaintes d'organisations anti-racistes.

Docteur Arnold Netter (avenue du)

Etrange plaque commémorative que celle qui est apposée ici, au **32** avenue du Dr. Arnold Netter. *« Louise Lavierge, mère de famille, est née dans cet immeuble en 1952 »* - émouvant témoignage d'une famille aimante. Emouvant et calembouresque, voire surréaliste (Lavierge... Mère de famille...). Bref, on reconnaît là, dans cette naissance modeste, toute la retenue et la discrétion d'une mère exemplaire,... dont on n'entendit jamais parler et que personne ne peut se vanter d'avoir connu ! Cet hommage, fixé ici en son honneur, célèbre maintenant et pour toujours ses mérites. Vivent donc les mères de famille, et vive Louise Lavierge !

Faubourg-Saint-Antoine (rue du)

Le 3 décembre 1851, le représentant du Peuple Alphonse Baudin se fait tuer sur une barricade du Faubourg-St-Antoine, quelques heures après le coup d'État de Louis-Napoléon Bonaparte. Député de l'Ain, il monte sur le retranchement en lançant aux ouvriers goguenards qui se moquent de lui et des politiciens « planqués » : *« Vous allez voir comment on meurt pour 25 francs ! »* (montant de l'indemnité journalière des parlementaires)... La troupe tire et Baudin s'écroule, touché à mort. L'émeute tournera court, prélude aux vingt ans du régime impérial à venir... Une plaque raconte la geste du téméraire député, au niveau du **n° 151**.

Louis Braille (rue)

Certains immeubles de la capitale étonnent par leur étroitesse : c'est le cas de celui du **26** rue Louis Braille, une pointe effilée défiant les lois de l'équilibre et qui donne l'impression - vue d'un certain angle - d'être aussi épaisse qu'une feuille de papier Canson. D'autres constructions dans Paris ne sont pas mal non plus... En particulier celle à l'angle de la rue des Saules et de la rue Francœur (18ème arrondissement). Ou encore, l'immeuble du 14 rue Thouin, dans le 5ème - construit en 1688 contre un ancien rempart médiéval, démoli depuis.

Madagascar (rue de)

Ce 28 août 1933, celle que la presse va bientôt surnommer « L'empoisonneuse », « Le monstre en jupons », « La sorcière de la débauche » vient d'être arrêtée, soupçonnée d'avoir empoisonné son père et sa mère au domicile familial du **9** rue de Madagascar. Violette Nozière devient immédiatement un mythe, incarnant à elle seule toutes les peurs de la France des années 30... Une femme jeune, émancipée, noceuse, voleuse, menteuse, syphilitique de surcroît, et qui commet le tabou absolu : le parricide. Si Violette va échapper à la peine de mort, la justice restera tout de même sourde quand la jeune fille accusera son père d'inceste, l'autre crime des crimes. Il n'y aura guère que les poètes surréalistes - dont elle deviendra une égérie -, puis plus tard Claude Chabrol dans son film de

1978, pour entendre son cri et croire à sa version des évènements.

Mazas (place)

C'est un visage doux, celui d'une jeune femme aux yeux clos et au léger sourire. Un sourire si énigmatique qu'on l'a parfois comparé à celui de La Joconde. Mais, de celle que l'on a appelée « l'Inconnue de la Seine », on ne sait en fait pas grand-chose...

La jeune fille se serait noyée (suicidée ?) dans le fleuve, à la fin du XIXème siècle. Ebloui par sa beauté, un employé de la morgue (**2** place Mazas) aurait alors exécuté un moulage de son visage. Et là l'affaire s'emballe, les écrivains s'emparant de la rumeur. En 1926, l'auteur allemand Ernst Benkard écrit de l'Inconnue : « Elle apparaît comme un papillon délicat, qui a volé droit vers la lampe de la vie, allant y brûler ses ailes délicates... ». Louis-Ferdinand Céline ajoute la photo de l'Inconnue à son édition de sa pièce *L'Eglise*. Nabokov publie un poème intitulé *L'Inconnue de la Seine* (1934). Et dix ans plus tard, Aragon, dans son roman *Aurélien*, met en scène son héros, lequel possède chez lui le masque de l'inconnue. N'en jetez plus ! En fait la légende est belle mais n'est sûrement qu'une... légende. Selon le peintre Jules Lefebvre, l'empreinte est celle d'une jeune modèle qui serait morte de tuberculose vers 1875. Quoi qu'il en soit, il nous reste, figé pour l'éternité, le mystère de ce sourire qui semble nous parler de l'au-delà...

Merisiers (sentier des)

La principale caractéristique du sentier des Merisiers est son étroitesse : avec ses 87 centimètres, il constituerait la voie la moins ample de Paris. Le passage de la Duée, dans le 20ème arrondissement, atteignait jadis tout juste 80 cm, mais il a depuis été réaménagé et élargi. Quant à la Mairie de Paris, elle soutient mordicus que c'est la rue du Chat-qui-Pêche (5ème arrondissement) qui détient le record avec... 1m80 de large ! Peut-être considère-t-elle l'appellation de « sentier » comme infamante...

Picpus (rue de)

Les 1300 guillotinés de la Place du Trône (de nos jours Place de la Nation) reposent dans ce petit cimetière tenu par une communauté de religieuses. A noter ici la présence de la tombe du général La Fayette, lequel fut un des principaux personnages historiques à l'origine de... la Révolution française. Autre étonnant pensionnaire : l'historien Gosselin Lenotre, ancêtre de nos André Castelot et Alain Decaux, et spécialiste de ladite Révolution ! Etrange et paradoxal lieu...

Poniatowski (boulevard)

Ce 16 mai 1937, à 18h27, une rame du métro arrive à la station Porte Dorée. Six personnes montent dans la voiture, où se trouve une unique passagère, une jeune femme qui semble somnoler sous son chapeau blanc. Tout à coup, son corps s'écroule. L'un des passagers, un médecin, se précipite et découvre... un couteau planté au bas de son cou ! La victime, Laetitia Toureaux, 29 ans, va mourir dans l'ambulance qui la mène à l'hôpital Saint-Antoine. On s'intéressera à sa personnalité trouble : ouvrière modèle, elle apparaissait pour d'autres comme une professionnelle du renseignement, maintenant des liens étroits avec *La Cagoule*, cette organisation d'extrême droite. La France se passionnera longtemps pour ce mystère, unique *cold case* du métro parisien et longtemps assimilé au crime parfait.

Quand, soudain, vingt-cinq ans plus tard en 1962, coup de théâtre : la police reçoit une lettre d'un médecin de Perpignan, lequel se déclare être l'assassin de la belle Laetitia. Elle aurait été sa maîtresse, et donc le mobile : la jalousie, tout simplement. L'homme serait passé d'un wagon à l'autre grâce à un passe dit « clé pompier » puis serait ressorti de la même façon. L'« aveu » étant anonyme, on n'identifia jamais son auteur. Et le mystère demeure...

René-Dumont (coulée verte)

La Coulée Verte René-Dumont, assez peu connue des Parisiens, relie les environs de la Bastille (avenue Daumesnil) à la Porte Dorée et à la Porte de Vincennes. Aménagée le long d'une ancienne voie ferrée fermée depuis 1969, elle dépayse ceux qui l'empruntent, tout au long de ses 4 kilomètres et demi. Une bonne moitié du parcours permet de surplomber les rues - à sept mètres de hauteur - dans une balade en pleine ville... et au milieu de la nature. La Coulée Verte peut être comparée à la *Highline* de Manhattan (New-York), cette dernière s'en étant d'ailleurs largement inspirée. Elle est accessible grâce à des escaliers et des ascenseurs et propose même, dans sa deuxième partie, une piste cyclable. René Dumont (premier candidat à s'être présenté à une élection en France sous l'étiquette écologiste) doit en être fier.

13ème
ARRONDISSEMENT

Abbé Georges Hénocque (place de l')

Sur cette jolie place ceinte de maisons étroites bâties dans les années 20, on ne pourrait croire que la cohue de la place d'Italie soit aussi proche... Tout autour, du rose au bleu, les façades de la place et des rues avoisinantes (rue Dieulafoy, rue du docteur Leray...) forment un dépaysement total. Il y a aussi ces petites maisons en meulière, un petit square central avec des bancs et de grands platanes qui bordent le tout.

C'est ici, le 20 septembre 1979 vers midi, que le militant antifasciste Pierre Goldman, 34 ans, fut assassiné - après une nuit passée dans les caves de la *Chapelle des Lombards* à jouer de la salsa ! Quelques heures plus tard, le meurtre du demi-frère du chanteur Jean-Jacques Goldman était revendiqué par un mystérieux groupe *Honneur de la Police*. Goldman semble avoir été victime de représailles envers une justice jugée trop laxiste (il avait été condamné pour vols à main armée puis libéré). Ses assassins, nervis d'extrême droite, ne furent jamais retrouvés.

Albin-Cachot (square)

Ce quartier parisien fut choisi dans les années 30 pour y héberger les anciens combattants de la Première Guerre mondiale. Les *Gueules Cassées* - ces estropiés rescapés du conflit - avaient besoin d'un espace de quiétude ; celui-ci fut bâti ici au milieu de bâtiments où ils étaient logés et soignés. Le square tire d'ailleurs son

189

nom de l'un des fondateurs de la mutuelle qui était à l'origine du projet.

Si aujourd'hui les lieux ont perdu leur vocation première, ils n'en gardent pas moins un charme qui continue de séduire. En témoigne le choix de Luis Buñuel d'y tourner plusieurs séquences de son *Belle de Jour*, à la fin des années soixante (c'est au **n° 3** que Belle de Jour - Catherine Deneuve vient y exercer ses coupables activités). Une œuvre phare du cinéaste espagnol qui avait choisi le square Albin-Cachot comme écrin.

Croulebarbe (rue)

Incrustés dans les murs, des assemblages de galets et de coquillages figurent des masques et des oiseaux, référence au peintre italien du XVIème siècle, Arcimboldo. C'est une des trois œuvres thématiques (du sculpteur M. Garnier) que l'on trouve au **n° 38**, dans ce square qui fut construit en 1938 par l'architecte Jean-Charles Moreux. Le jardin a été réaménagé plusieurs fois et atteint aujourd'hui plus de 30 000 m², une petite forêt et un ruisseau complétant ce lieu paisible et original à la fois. Le square porte le nom de René Gall, conseiller municipal de l'arrondissement qui fut fusillé comme otage par les allemands en 1942.

François-Mauriac (quai)

Une piscine flottante sur les eaux de la Seine ? Le pari était osé - mais il fut tenu. La piscine

Joséphine Baker est en effet "amarrée" à proximité de la bibliothèque *François Mitterrand*. Elle propose sur un bassin de 250 m², 25 mètres de long et 10 de large, quatre lignes pour nageurs de tous niveaux (pour les petits, il existe aussi une « pataugeoire » de 50 m²). L'expérience étonnante atteint son paroxysme l'été, à l'arrivée des beaux jours, lorsque la barge ouvre son toit ouvrant ! Alors, on ne voit plus la Seine comme avant.

Autre curiosité située sur le quai François-Mauriac (**n° 11**), le *Batofar* - véritable bateau transformé en salle de spectacle. L'établissement oriente son projet artistique en direction des musiques électroniques, mais la programmation s'ouvre maintenant à l'ensemble des musiques actuelles, s'étendant aux arts numériques et aux ateliers (de danse, d'arts plastiques...). Le *Batofar* peut accueillir jusqu'à 300 personnes sur 300 m² et, l'été, il propose aussi une restauration en terrasse. Anciennement baptisé *Osprey* et construit en Angleterre, c'est un des rares bateaux-feux encore visibles, ce type de bateau ayant cessé toute activité en France.

Gare (quai de la)

Ce décor industriel récupéré par un collectif d'artistes a longtemps été menacé de destruction par les projets immobiliers et l'aménagement de la *Grande Bibliothèque* toute proche. Apparemment sauvé des promoteurs, le spectaculaire environnement des anciens entrepôts frigorifiques est maintenant entièrement dédié à l'art. Plus de cent « locataires » travaillent sur le site qui comprend quatre-vingt-dix ateliers d'artistes et quinze professions différentes. Outre l'art en lui-même, on y exerce des activités qui vont de la petite industrie à l'édition, des microsociétés et des associations assurant le fonctionnement de salles de spectacle et de répétition. Situé au **91** quai de la Gare (ou 19 rue des Frigos, c'est selon), on peut aussi assister sur place à des pièces de théâtre et à des concerts.

Gobelins (avenue des)

A quelques pas de la mairie du 13ème arrondissement, au **72** avenue des Gobelins, se trouve le bastion de la « résistance » argentique. Tel un Ali Baba version vietnamienne, Mr. Wu Dinh, autoproclamé « le gendarme du marché de la photo », tient ici son magasin. Dans l'unique petit mètre carré qui lui reste, il y entrepose un incroyable capharnaüm : appareils, filtres, objectifs et un tas d'autres gadgets... Cette anarchie apparente a une explication : c'est le seul système que Mr. Wu Dinh ait trouvé contre les voleurs. Il est en effet le seul à savoir où se trouve tel appareil et ce qu'il faut déplacer pour que tout ne s'écroule pas... Ancien élève de l'*Ecole Supérieure de Commerce*, Mr. Wu vend, achète, stocke et répare tout type de matériel, neuf ou d'occasion. Ici on peut tout trouver, et si l'on ne trouve pas, on passe commande. Avec ses airs de grand maître zen, le bonhomme considère que son service - plus de quarante ans de métier tout de même - est tout simplement le plus « compétent ». Ni plus ni moins... Et le pire, c'est qu'il a raison !

Gustave Geffroy (rue)

L'ensemble architectural du Château de la Reine-Blanche est peu connu des Parisiens, c'est pourtant l'un des rares bâtiments de la capitale datant de l'époque médiévale. En effet, on peut admirer ici, au **6** rue Gustave Geffroy, les belles pierres blanches de cette demeure, ses tours poivrières à escaliers à vis, ses galeries en arcades et sa superbe porte charretière à encorbellement. Au cours des siècles tour à tour château, brasserie, simple logement, club jacobin et même teinturerie-tannerie, les bâtiments récemment rénovés peuvent maintenant se visiter. Quant à l'origine du nom, elle est bien incertaine. La Reine Blanche pourrait être la veuve de Saint-Louis, à moins que ce ne soit sa fille qui occupa les lieux par la suite, ou encore Blanche de Bourgogne, l'épouse de Charles IV.

Hôpital (boulevard de l')

L'École de la Salpêtrière (**n° 47**), avec celle de Nancy, fut l'une des deux grandes institutions ayant participé à l'âge d'or de l'hypnose en France, de 1882 à 1892. Son chef de file, le neurologue Jean-Martin Charcot, contribua à réhabiliter l'hypnose comme moyen d'étude scientifique. Il l'utilisa comme méthode d'investigation permettant de reproduire et d'interpréter les symptômes de ce que l'on appelait à l'époque l'« hystérie ». D'autre part, il ne considérait plus les malades comme des simulateurs et découvrit, à la surprise générale, que l'hystérie n'était pas le privilège des femmes... Enfin, rattachant celle-ci aux phénomènes de paralysies post-traumatiques, il établit les bases d'une théorie du trouble psychique, ouvrant ainsi la voie à la psychanalyse (Freud fut l'un de ses élèves à la Salpêtrière, fin 1885 et début 1886).

Ivry (avenue d')

Etonnant monument autel consacré à Bouddha dans ce centre de méditation créé par les Teochew, au **44** de l'avenue d'Ivry. A l'intérieur, choc esthétique devant trois bouddhas scintillants. A leurs pieds, les offrandes : pommes, oranges... ou de très occidentaux *Ferrero rochers* ! Les incantations terminées, les fidèles consultent les oracles, qui leur répondent au travers de baguettes et de pièces de bois. Alors, syncrétisme parfait entre bouddhisme, taoïsme et confucianisme ou simple alliance du kitsch et de la spiritualité ? A chacun de voir... L'endroit accueille aussi une association dont le but est de promouvoir l'intégration de cette communauté (les Teochew) originaire de la région de Guandong, en Chine.

Jean-Colly (rue)

Amusante façade en pseudo-mosaïque, au **47** rue Jean-Colly, dans le quartier Tolbiac. On y voit un plan de ce quartier du 13ème arrondissement, avec les stations de métro et une indication de durée (à pied) entre les différents points de la carte. Le croisement de deux lignes rouges situe l'endroit où se trouve l'immeuble et à partir duquel sont calculées les distances... Alors, œuvre d'un architecte paumé ? Non, *Architecte Studio* (le créateur du plan) est un groupement renommé de 150 architectes et designers - qui a pignon sur rue, de Shanghai à Venise et d'Athènes à Lhassa !

Vergniaud (rue)

Cette petite église du **n° 34** est rattachée au culte antoiniste, lequel fut créé en 1910 par un belge, le père... Antoine. D'obédience catholique mais fortement influencé par le spiritisme d'Allan Kardec, le culte consiste principalement en la croyance que la prière assidue possède des pouvoirs de guérison, tant à la fois physique que psychologique. En somme, une guérison par la foi... Ou une simple méthode Coué, c'est selon ! Quoi qu'il en soit, l'affaire continue d'avoir des adeptes puisque deux autres temples existent à Paris, dans le 17ème arrondissement (8, passage Roux) et dans le 19ème (49, rue du Pré-St-Gervais).

Watt (rue)

Autrefois célèbre pour son long tunnel sombre et considérée comme la rue la plus sinistre de Paris, la rue Watt a inspiré de nombreux artistes : Jean-Pierre Melville notamment qui y a tourné la séquence d'ouverture de son film *Le Doulos*, avec Lino Ventura, Boris Vian qui lui a consacré une chanson et Jacques Tardi qui l'a représentée dans ses bandes dessinées... Sans parler de l'écrivain Léo Malet qui a tant écrit sur cette partie du 13ème arrondissement. Cette étrange voie devrait toutefois trouver une nouvelle dimension avec la future implantation d'un équipement culturel lié aux arts de la rue et du cirque... La rue la plus glauque de la capitale va peut-être devenir la plus vivante !

14ème ARRONDISSEMENT

Arago (boulevard)

Campée devant la prison de la Santé, la dernière vespasienne de la capitale assiste au ballet ininterrompu des voitures qui circulent jour et nuit sur le boulevard Arago (n° **75**). Inlassablement repeinte, elle est le dernier vestige de ce Paris des années 30, période pendant laquelle le préfet de la Seine en fit installer près de 500. Outre leur utilisation première, les vespasiennes furent un lieu incontournable des rencontres homosexuelles ainsi que, sous l'Occupation, des membres de la... Résistance. Et ce nom, « vespasienne » ? On le doit à l'empereur romain Vespasien qui les avait fait construire, non pas tant dans un but d'hygiène publique, mais afin de lever un impôt sur l'urine (utilisée dans les teintures) ! Tancé pour cette mesure, il eut alors pour réponse le fameux « *L'argent n'a pas d'odeur* »...

Boulard (rue)

A l'origine, M. Léobold est libraire d'art. Sa boutique (la librairie *Alias*, au **n° 21**) est un joyeux bazar où il est le seul à savoir s'y retrouver, ses livres montant à l'assaut des murs, jusqu'au plafond. Impressionnante colonnade littéraro-fantastique qui devrait inspirer des cinéastes en mal de décor surprenant. Acheter un livre ici devient une aventure au même titre que la lecture d'un ouvrage... Mais, aidé de Mr. Léo, on est sûr de dénicher bien des ouvrages introuvables ailleurs.

Cabanis (rue)

Au **7** rue Cabanis se trouve un étrange témoignage de ce que la souffrance psychique peut avoir de plus terrible. Le docteur Roux et un groupe de psychiatres de l'hôpital Ste-Anne tout proche, ont décidé d'exposer ici les délires et les souffrances morales d'un malade (gravés sur le plancher de sa chambre). De ses années d'enfance à son engagement en Algérie, de la mort par pendaison de son père à sa claustration volontaire avec mère et sœur, Jean - dit Jeannot - va échapper à la raison et au monde réel... Exposé face au bâtiment de l'hôpital, son témoignage constitue une tentative de transformer le regard que l'on porte sur la folie en général, mais aussi une véritable œuvre d'art brut.

Campagne-Première (rue)

Au **n° 31**, un immeuble qui fut primé en 1911 au concours des façades. Son décor en grès flammé (d'Alexandre Bigot) est étonnant - à l'instar d'une autre de ses insolites réalisations, l'église St-Jean-des-Briques (rue des Abbesses dans le 18ème arrondissement). Joan Miro et Brancusi furent les hôtes de ce lieu qui accueille maintenant plus de vingt ateliers d'artistes.

Juste à côté, au **31 bis**, Man Ray photographia et immortalisa les courbes de déesse de sa muse Alice Prin, plus connue sous le nom de *Kiki de Montparnasse*. Malgré ses amourettes avec d'autres artistes et modèles, Man Ray accepte qu'elle s'installe avec lui, dans son atelier. La relation est tendue, ponctuée de disputes mais accouchera de chefs-d'œuvre, pierres de touche du surréalisme photographique.

Autre génie du 8ème art, le photographe des petits métiers et du vieux Paris vécut, et mourut, dans cette même rue - au **17 bis**. Toute sa vie, Eugène Atget se leva à l'aube, son pesant attirail sur le dos, tirant le portrait des gens et photographiant pour le plaisir boutiques, devantures et autres vieilles maisons. Il a laissé un patrimoine conséquent, les instantanés d'un Paris surpris en flagrant délit d'innocence.

Château (rue du)

Entre 1923 et 1928, Marcel Duhamel - futur créateur de la *Série Noire* - héberge ses amis Jacques Prévert et Yves Tanguy, ainsi que leurs compagnes, dans ce pavillon qu'il a réhabilité. Il loue cette maison d'un étage, « une toute petite bicoque de marchand de peau de lapin », avant de la transformer en une demeure bohème et accueillante. Prévert se souvient : « nous n'avions jamais ressenti pareille atmosphère de liberté... Il y avait un peintre, Yves Tanguy, qui n'avait encore jamais peint, un mécène, Marcel Duhamel, qui était alors directeur d'hôtel, et moi qui ne foutais rien ! ». L'atelier du **54** rue du Château fait partie de ces adresses mythiques de l'histoire de l'art. Un lieu, « véritable alambic de l'humour surréaliste » selon André Breton, où serait né le ''cadavre exquis'' - ce système d'écriture emblématique du mouvement.

Colonel Rol-Tanguy (avenue du)

Véritable labyrinthe au cœur du Paris souterrain, les Catacombes – entrée au **n° 1** de l'avenue - ont été aménagées dans les galeries d'anciennes carrières. À vingt mètres sous terre, l'ossuaire rassemble les restes d'environ six millions de Parisiens, transférés pour raison d'insalubrité entre la fin du XVIIIème et le milieu du XIXème siècle, au fur et à mesure de la fermeture des cimetières. Le long d'un enchevêtrement de galeries obscures, le visiteur découvre une mise en scène de la mort, les ossements étant disposés en un décor romantico-macabre. Ce site unique restitue de manière émouvante l'histoire des Parisiens ; il fut cependant aussi dans les années 70-80, le lieu de fêtes décadentes, les « invités » y pénétrant par des galeries souterraines connues des seuls « initiés ». De nos jours celles-ci semblent avoir été rendues « hermétiques » mais, Internet oblige, le phénomène semble reprendre depuis les années 2000.

Edgar-Quinet (boulevard)

Le cimetière du Montparnasse (entrée principale : **3** boulevard Edgar-Quinet) n'est certes pas le plus imposant de Paris - vainqueur haut la main : le Père-Lachaise - mais il possède à coup sûr l'une des tombes les plus étonnantes de la capitale : celle de la famille Pigeon, que l'on peut trouver dans la 22ème division. Vendeur au *Bon Marché*, Charles Pigeon fut le premier à produire et commercialiser un appareil d'éclairage portatif à essence breveté, la lampe Pigeon, qui fit sa fortune et sa célébrité.... Il est maintenant surtout connu pour son étonnant tombeau familial classé au titre des monuments historiques. Le défunt y est représenté au lit avec sa femme, tenant un carnet et ayant la révélation - réelle ou légendaire - de ce qui allait devenir son invention. Une sépulture des plus excentriques... même si ce bon Charles semble se réveiller tout simplement d'une bonne sieste !

Rendu célèbre par sa splendide décoration et son bar Art déco, le *Sphinx*, fameuse maison close d'avant-guerre située au **n° 31**, fut aussi le premier établissement à accueillir officiellement... les couples. Ce lupanar de luxe était tout particulièrement protégé car tendrement affectionné par Albert Sarraut, ministre d'Etat, et un bon nombre d'autres hommes politiques habitués des lieux. Le bâtiment fut réquisitionné à la Libération, pour loger d'autres couples... En tout bien tout honneur puisque il s'agissait là de couples d'étudiants convalescents de la *Fondation de France* ! Le *Sphinx*, rendez-vous des artistes, politiciens et gangsters des années trente fut détruit par des promoteurs en 1962, emportant ses fresques de Van Dongen et ses décors égyptiens. L'adresse accueille désormais une banque... On reste dans le vice, diront certaines mauvaises langues.

Florimont (impasse)

Dans le quartier de Plaisance, "entre la rue Didot et la rue de Vanves" comme le chantait Georges Brassens, débute au 150 rue d'Alésia une curieuse petite allée : l'impasse Florimont. Rescapée des promoteurs immobiliers et lieu de pèlerinage pour les amoureux du chanteur poète, elle date du XIXème siècle. De la ruelle populaire aux façades lépreuses, habitat précaire d'un Paris miséreux, il demeure l'étroitesse et la modestie des constructions. La chaussée aux pavés disjoints a été remplacée aujourd'hui par des dalles de béton. Quant aux habitations, ornées de plantes en pot et ripolinées de frais - couleurs pimpantes, jaune citron et bleu céruléen -, elles offrent un charmant contraste avec la très urbaine rue d'Alésia. Brassens vécut ici vingt-deux ans, de 1944 à 1966.

Froidevaux (rue)

Même les légendes ont une adresse. Celle de Robert Capa et de sa compagne Gerda Taro se trouve ici, au **37** de la rue Froidevaux. Les deux photographes amants avaient installé leur studio au deuxième étage. Ils l'occupèrent ensemble jusqu'à la mort de Taro, tuée accidentellement pendant un reportage près de Madrid, le 26 juillet 1937. Ensuite pour Capa, l'endroit va rester « *la plate-forme planétaire de son œuvre* », jusqu'à la fin de sa vie. C'est ici aussi qu'en 1983 on a retrouvé, dans le désordre d'une soupente oubliée, 172 négatifs ou tirages inconnus de reportages (en Chine et en Espagne). Un véritable trésor qui éclaira d'un jour nouveau l'apport de Gerda dans les photos mythiques de la Guerre d'Espagne, lesquels avaient - à tort donc - presque toutes été attribuées à Capa.

Gazan (rue)

Au **n° 11** de la rue Gazan se trouve la maison que Michel Colucci, alias Coluche, habita les douze dernières années de sa vie. Ce calme pavillon en brique rouge abrite maintenant dans son jardin un atelier d'artiste, ainsi que des hangars. Mais du temps de l'humoriste, de 1974 à 1986, les locaux transformés en salles de jeux et de gym avaient coutume d'être utilisés pour des fêtes mémorables. Les riverains s'en souviennent encore...

Jourdan (boulevard)

Dans cet immense campus de la Cité universitaire (**20**, boulevard Jourdan), les étudiants sont logés dans des pavillons à l'architecture typique des différents pays représentés. On peut y admirer les frises et colonnes de la *Fondation hellénique* ou les jolis volets bleus de la *Maison des étudiants suédois*. Face à la *Fondation Deutsch de la Meurthe*, on trouvera la toute première construction de la Cité, réplique du collège d'Oxford. A noter aussi deux constructions du Corbusier, la *Maison du Brésil* (1959) et la *Fondation Suisse* datant de

1933. Un tour du monde en 40 pavillons et 140 langues différentes.

Marie-Rose (rue)

À quelques pas du carrefour d'Alésia, la petite rue Marie-Rose est aussi discrète que confidentielle. C'est pourtant là au n° **4** que Vladimir Ilitch Oulianov, alias Lénine, vécut de 1909 à 1912 - oeuvrant à la Révolution d'Octobre tranquillement, tel un bon bourgeois. C'est également dans cette rue qu'il vivra le grand amour de sa vie, avec Inès Armand. La belle était une activiste communiste (d'origine française) mariée à l'héritier d'une des familles capitalistes les plus riches de Russie (les Armand, eux aussi d'ascendance française). Un épisode peu connu - à double titre (l'adultère, la richesse) - de la vie de Lénine... La plaque commémorative sur la façade de l'immeuble a été subtilisée il y a une dizaine d'années, celle de la rue Beaunier (où Lénine vécut aussi, au n° 24), elle, est encore là.

Odessa (passage d')

Le *Café de la Gare* a été créé par une bande de copains dans les locaux d'une ancienne fabrique de ventilateurs du passage d'Odessa (dit aussi « passage du Départ »). Chantier collectif typique de la culture soixante-huitarde, où dans un joyeux foutoir tout le monde mettait la main à la pâte, il constitua une véritable pépinière de talents - qui tous marquèrent le milieu du spectacle des décennies suivantes. Parmi les plus connus Michel Colucci (alias Coluche) et les acteurs Patrick Dewaere (de son vrai nom Patrick Bourdeaux) et Miou-Miou (dans la vie civile Sylvette Hérry)... Mais aussi Sotha (Catherine Sigaux), Henri Guybet (lui c'est son vrai nom...) ou leur chef de file à l'époque : l'humoriste Romain Bouteille (lui aussi c'est son vrai nom !). En 1972, la troupe déménagea dans le Marais, au 41 de la rue du Temple. Le café est toujours présent à cette adresse, et sous cette appellation.

Rémy Dumoncel (rue)

Cachée au **n° 31** de la très calme rue Rémy Dumoncel, la boutique d'Erwann Benoît (*Comptoir des Catacombes*) offre un bel espace où dénicher - outre de chouettes livres sur Paris - des souvenirs faits... d'os et de squelettes. C'est normal, pour la plupart ses clients sortent de la visite des Catacombes toutes proches, où ils ont pu voir les restes de six millions de Parisiens... Alors, ok pour un bougeoir, un *magnet* ou un vide-poche en forme de crâne ?

Saint-Gothard (rue du)

Un des flâneurs les plus célèbres de la capitale vécut rue du St-Gothard. C'est en effet d'ici, au **n° 18**, que tous les soirs, Brassaï partait pour ses pérégrinations nocturnes dans la Ville Lumière. A travers l'objectif, le photographe d'origine

roumaine (Gyula Halasz de son vrai nom) reconstruisait son propre Paris, un Paris inconnu, obscur et méprisé. Une ville enveloppée dans la nuit et la brume, où se succèdent les humbles prostituées des quartiers chauds et les travailleurs des Halles. Mais c'est aussi le Paris de la fête, des bistrots, des danseuses et du music-hall - Brassaï entendant ainsi redonner ses lettres de noblesse à ce que Prévert appelait « la beauté du sinistre »... En dehors de ses photos du Paris interlope et sombre (*Paris de Nuit*), il a aussi immortalisé nombre d'intellectuels et artistes (Dalí, Picasso, Matisse, Jean Genet...).
Amoureux, passionnés, mélancoliques ou marqués par la vie, ses modèles allaient de l'artiste reconnu au simple ivrogne sur un quai de métro, en passant par les mystérieuses créatures des fêtes foraines.

Saint-Jacques (place)

Vers 1830, la guillotine était entreposée au n° 81 de la rue du Faubourg-St-Jacques, dans une remise qui appartenait au bourreau. Car c'est tout près, au bout de la rue, sur la place St-Jacques, qu'avaient lieu les exécutions publiques. Le poète assassin Pierre-François Lacenaire y perdit la tête le 4 janvier 1836 dans des conditions effroyables, la lourde lame s'étant bloquée à deux reprises juste au-dessus de son cou. N'avait-il pourtant pas écrit quelques années auparavant : « Salut, Ô guillotine, expiation sublime / Qui ravit l'homme à l'homme et le rend pur du crime ! » ?

Seurat (villa)

La célèbre Villa Seurat accueillit en son temps une ribambelle d'artistes, en particulier - au **n° 18** - les écrivains Antonin Artaud et Anaïs Nin. Et Henry Miller, qui y écrivit son *Tropique du Cancer*. L'endroit est truffé de maisons datant des années 30 (**n° 7 bis, n° 15**...) et constitue le point le plus élevé du sud de Paris.

Vercingétorix (rue)

Construite de 1899 à 1901 par l'architecte Jules Astruc, l'église Notre-Dame-du-Travail - au **n° 59** - hésite entre bâtiment industriel et grange venue tout droit du *Midwest* américain. L'idée du projet était de créer pour les cheminots de la gare Montparnasse toute proche un lieu de culte qui serait un endroit de « réconciliation du capital et du travail »... La religion contre la lutte des classes, quoi de plus normal après tout ! En tout cas, l'église est remarquable - par son armature métallique innovante et sa charpente en poutrelles apparentes. Son clocheton a été ramené de Sébastopol, à la suite de la prise de la ville pendant la guerre de Crimée (1855).

15ème ARRONDISSEMENT

Blomet (rue)

En 1922, André Breton rompt avec Tristan Tzara et tente de donner une orientation nouvelle au mouvement dada. Malgré l'échec de sa tentative, de nouveaux groupes se forment autour de peintres et d'écrivains épris de liberté et de renouveau. Il y aura en particulier « ceux de la rue du Château » (Les frères Prévert, Marcel Duhamel, Raymond Queneau...) et « ceux de la rue Blomet » (Antonin Artaud, Robert Desnos, Joan Miro, André Masson..., au n° **45**). Manifestes, appels et pétitions seront les formes d'expression du surréalisme naissant. Leurs membres, engagés politiquement, reprendront alors à leur compte les mots d'ordre de Marx ("Changer le monde") et de Rimbaud ("Changer la vie").

Le mouvement - devenu international - se maintiendra jusqu'à la Libération, où il sera quelque peu évincé par l'existentialisme sartrien. Mais son influence perdure encore largement de nos jours.

Dantzig (passage de)

Ici se dresse un pavillon inspiré de la structure d'une ruche (d'où son nom), où se nichent 70 petits ateliers d'artistes accessibles par un escalier en colimaçon. Ce vestige de l'exposition universelle de 1900 accueillit entre autres Picasso, Matisse et Modigliani qui y travaillèrent tous au début du XXème siècle. De nos jours, à *La Ruche* c'est toujours un peu la bohème, les petites maisons aux jardins bucoliques exposant encore des artistes contemporains.

18 Juin 1940 (place du)

Le 22 octobre 1895, le train Paris-Granville ne s'arrête pas à son terminus en gare Montparnasse... Son conducteur ayant freiné trop tard, l'express pulvérise le butoir, traverse le hall, défonce la façade et la locomotive termine sa course sur la place en face de la gare ! L'accident, l'un des plus spectaculaires de toute l'histoire ferroviaire, fera un mort, une marchande de journaux, et une dizaine de blessés, dont cinq graves. Il est rentré dans l'histoire grâce à la célèbre photo qui fait encore de nos jours le régal des vendeurs de cartes postales insolites.

Falguière (cité)

Trait d'union entre Montparnasse et *La Ruche*, la cité Falguière attira de nombreux artistes venus de tous pays, de la fin du XIXème siècle jusqu'aux années 50. Paul Gauguin s'y installa en 1877. On y rencontra plus tard simultanément ou successivement - entre autres - l'italien Modigliani, le sculpteur roumain Constantin Brancusi, le russe Chaïm Soutine ou le japonais Foujita... Les artistes se succédèrent ainsi, jusqu'à ce que les bulldozers de béotiens promoteurs rasent les ateliers dans les années 1960. Les seuls rescapés, ceux des n^{os} **9 et 11**, ont gardé leur aspect d'origine et abritent toujours des artistes.

Grenelle (rue de)

Sous l'impulsion d'Antonin Artaud, le *Bureau des Recherches Surréalistes*, adoubé par le « pape » du mouvement André Breton, s'installe au **n° 15** de la rue de Grenelle - le 11 octobre 1924. S'employant à « recueillir par tous les moyens appropriés les communications relatives aux diverses formes qu'est susceptible de prendre l'activité inconsciente de l'esprit » (ouf !), il invite ses membres - ou toute autre personne qui le souhaite - « à relever ce qu'il pourra remarquer d'exceptionnel ou d'anormal en lui et à le verser aux archives du Bureau ». Une permanence était assurée pour accueillir des récits, des observations, tout ce qui pourrait alimenter la nouvelle perception du monde.

Lecourbe (rue)

Qui pourrait se douter qu'au **91** de la rue Lecourbe se trouve, bien cachée, une chapelle russe tout droit sortie du passé ? C'est la chapelle Saint-Séraphin-de-Sarov. Après avoir franchi le portail et traversé deux courettes, on peut apercevoir la minuscule église, entourée de jolies maisons du siècle dernier. Elle a la forme d'un chalet de bois surmonté de deux bulbes bleu azur. Tout près, un petit jardin où croissent des bouleaux, arbres chers au cœur des russes, et

215

un ancien pavillon qui tient lieu de presbytère...
Un peu de l'âme slave se trouve dans ce coin du
15ème arrondissement.

Maine (avenue du)

Tapi au fond d'une allée fleurie, au **21** avenue
du Maine, le *Musée du Montparnasse* est un haut
lieu de mémoire culturel, en plus de constituer un
havre de paix en plein Paris. Il occupe les lieux
de l'*Académie de Montparnasse*, créée en 1912
par Marie Vassilieff et qui fut pendant la Grande
guerre la cantine d'artistes peintres tels que
Braque, Apollinaire, Soutine, Modigliani, Picasso,
Derain, Léger ou Foujita... Et même du russe
Trotsky, qui était un habitué des lieux dans les
années 10. Trotsky... un « artiste » de la
politique ?

Morillons (rue des)

Créé le 13 octobre 1893, c'est en 1939 que le
Service des Objets Trouvés s'installe au **36** rue
des Morillons. Cette institution de la Ville de Paris
recueille chaque année près de 140 000 objets.
En vrac, stockés sur 400 m² dans les sous-sols
de la Préfecture de Police : parapluies,
téléphones, vélos, clefs, planches de surf,
médailles, billets, chaussures... Une véritable
caverne d'Ali Baba - ou un inventaire à la Prévert,
au choix ! Un micro musée existe sur place.
Petite promenade au cœur de cette collection
d'objets que personne ne viendra plus récupérer :

une prothèse de jambe en plastique moulé, des crânes humains, une robe de mariée, une poupée gonflable, un sac à double fond dont le propriétaire est resté anonyme, une urne funéraire, un sabre de yakusa, etc, etc...
Sachez tout de même qu'ici - double peine ? - il vous faudra payer pour récupérer votre objet perdu.

Nélaton (rue)

A l'angle du boulevard de Grenelle et de la rue Nélaton, le Vélodrome d'Hiver fut, jusqu'en 1959, le temple du sport parisien. Haut lieu des courses cyclistes et des combats de boxe, le *Vel' d'Hiv'* pouvait accueillir jusqu'à 12 000 personnes.
C'est dans ces lieux qu'Abel Gance tourna son film *la Fin du Monde,* en 1930. Prémonition du réalisateur ?... Voulant y décrire les dernières vingt-quatre heures d'une humanité aux abois, c'était là - d'une certaine manière - préfigurer la réalité. Car, les 16 et 17 juillet 1942, l'occupant allemand, avec l'aide zélée du gouvernement de Vichy, fit enfermer ici, dans le *Palais des Sports*, plus de 13 000 hommes, femmes et enfants juifs. Destinés aux camps d'extermination, une centaine seulement en reviendront.

Olivier de Serres (rue)

Qui n'a pas aperçu, un jour dans Paris, une voie de chemin de fer laissée à l'abandon ? Des rails envahis de verdure, une obscure ouverture de tunnel, des murs couverts de tags, d'anciens aiguillages rouillés. La *Petite Ceinture* (ou *PC*) est une double voie de chemin de fer intra-muros, circulaire et maintenant désaffectée, ce qui en fait un vestige unique dans la capitale. Elle a servi au transport de marchandises puis de voyageurs pendant plus de soixante-dix ans et court sur 23 km de long (32 à l'origine).

C'est maintenant devenu un lieu de promenade unique... pour peu qu'on en trouve les accès d'entrée (en face du **99** rue Olivier de Serres, mais aussi 21 rue de Rottembourg dans le 12ème arrondissement, 60 rue Damesme dans le 13ème, 27 boulevard Beauséjour dans le 16ème...).

Vaugirard (rue de)

En mai 1908, Marguerite Steinheil est retrouvée ligotée dans sa maison du 6 bis de l'impasse Ronsin, tandis que sa mère et son mari (le peintre Adolphe Steinheil) ont été tués par étranglement et étouffement. La presse et l'opinion publique se passionnent pour ce crime dont on ne sait s'il relève du crapuleux ou du politique. Alphonse Bertillon mène l'enquête et fige la scène de crime en recourant à la photographie métrique, une toute nouvelle technique à l'époque. Malgré ses efforts, il ne parviendra pas à réunir de preuves suffisamment tangibles pour prouver la culpabilité de Mme Steinheil, sur laquelle portent les soupçons. Arrêtée néanmoins pour complicité d'assassinat, elle sera finalement acquittée en 1909, malgré le caractère alambiqué de ses explications... et son pedigree plus que chargée (C'est en effet cette même Mme Steinheil qui fut la « cause » de la mort du président Félix Faure dix ans plus tôt... - voir rue du Faubourg-St-Honoré). L'impasse Ronsin n'existe plus, elle fut détruite lors de l'agrandissement de l'hôpital Necker. L'entrée se situait au niveau du **150-152** rue de Vaugirard.

16ème ARRONDISSEMENT

Auteuil (rue d')

Le 10 janvier 1870, le journaliste Yvan Salmon (alias Victor Noir) se présente au domicile du prince Pierre Bonaparte, **59** rue d'Auteuil. Il vient organiser en qualité de témoin un duel entre Paschal Grousset, son rédacteur en chef (celui-ci s'estimait diffamé par un article signé du prince) et Bonaparte. Accompagné par un confrère, la rencontre tourne mal. Un coup de pistolet est tiré par l'irascible neveu de l'empereur et Noir s'écroule, mortellement blessé... Plus de 100 000 personnes se déplaceront pour l'enterrement du journaliste - véritable prélude à la contestation anti-régime. Cet évènement à l'origine assez anecdotique eut une influence prépondérante sur la chute du Second Empire et, à terme, sur l'avènement de la Commune de Paris.
(Voir le cimetière du Père-Lachaise où se trouve la sépulture de Victor Noir, laquelle fait l'objet d'un culte très particulier...)

Berton (rue)

La rue Berton est une minuscule ruelle empierrée qui semble issue d'une autre époque ; elle inspira d'ailleurs en son temps Maurice Leblanc pour ses *Aventures d'Arséne Lupin*. Au **n° 24** se situait l'issue « de secours » de Balzac - qui lui permettait d'échapper aux nombreux huissiers venus sonner à sa porte (voir rue Raynouard).

Boulainvilliers (rue de)

Quelques hommes de lettres (dont Pierre Louÿs au **n° 29**)... et de dessins (Roland Topor au **44**, le co-auteur d'*Astérix* René Goscinny au **56**) vécurent dans cette agréable rue bourgeoise. La célèbre Fernande Grudet (alias Madame Claude) y exerça aussi ses talents d'entremetteuse - au **n° 32**, dans sa "Résidence de la Muette". Jolie métaphore...

Colonel Bonnet (avenue du)

C'est ici, dans un appartement cossu du **n° 2** avenue du Colonel Bonnet, que naquit, le 6 novembre 1908, Françoise Dolto. Mythe du XXème siècle auprès du grand public comme des professionnels, celle qui va révolutionner la pédiatrie fit de l'enfant en souffrance son domaine de prédilection. D'après elle, et en cela fidèle à sa formation psychanalytique, elle estime que, à la différence de l'animal, chez l'être humain tout « veut dire »... Les gestes les plus absurdes ont un sens, font partie d'un langage symbolique qu'il faut déchiffrer à tout prix... Jusqu'au risque de l'absurde et du ridicule, comme le prétendront ses détracteurs. D'autre part, son idée que l'enfant n'est pas la propriété des parents fut révolutionnaire, au risque - revers de la médaille - d'en faire un enfant-roi. Son influence s'étendra néanmoins jusqu'au juridique : la loi de 1993 sur l'autorité parentale conjointe et les droits de l'enfant en cas de divorce aurait-elle pu naître sans sa pensée ? Catherine, sa fille, continue l'œuvre de maman.

Son fils Yvan-Chrysostome a préféré lui une carrière de chanteur comico-burlesque - sous le nom de... Carlos !

Cygnes (île aux)

C'est ici sur l'île aux Cygnes que le sculpteur Auguste Bartholdi - en 1886 - monta sa *Statue de la Liberté* destinée à la ville de New-York. Elle aurait normalement dû faire face au large, mais cela posait des problèmes pour l'inauguration - qu'on aurait alors été obligé de faire en bateau ! Solution pragmatique : la statue fut tournée vers le centre de l'île... Position incongrue qu'elle garda plus d'un demi-siècle, jusqu'en 1937.

Exelmans (boulevard)

Avisant, au-dessus de sa baignoire, une applique murale qui penche, Claude François la repositionne avec la main... Fatale initiative : celle-ci touche des fils dénudés et l'immortel interprète de *Alexandrie, Alexandra* meurt, électrocuté. Ce qu'on ne sait pas à l'heure où la France apprend la terrible nouvelle (11 mars 1978), c'est que l'endroit où l'idole vient de rendre son dernier souffle (**46** boulevard Exelmans) est frappé d'une terrible fatalité... La salle de bains de la mort !
C'est François Diwo, biographe du chanteur, qui fit cette troublante révélation : quinze ans auparavant, un autre drame s'était déroulé au même endroit... la propriétaire de ce 75 m² avec

terrasse s'était ouvert les veines - dans la même baignoire où le chanteur à paillettes prendra sa dernière douche. Une malédiction qui fera réfléchir le propriétaire suivant, après la mort de la star : ne voulant pas être le prochain à clapoter dans son bain, il entreprendra des travaux, faisant intervertir les emplacements de la salle de bains et de la chambre à coucher. En pure perte... Quelque temps plus tard, cette personne mourra dans son lit - donc à l'emplacement initial de la salle d'eau ! La salle de bains de la mort, on vous dit... Autre chanteur victime de la malédiction de la baignoire – circonstances (et style musical !) différents - : Jim Morrison, rue Beautreillis dans le Marais.

Faisanderie (rue de la)

Unique en son genre, ce musée demeure confidentiel, malgré ses plus de soixante ans d'existence. Le Musée de la Contrefaçon (**16**, rue de la Faisanderie) présente en effet plusieurs centaines d'objets hétéroclites répartis dans six salles... leur point commun étant d'être chacun une imitation frauduleuse de la marque d'origine. Le musée rassemble des collections allant des plus grandes marques de luxe jusqu'aux produits du quotidien, en passant par l'industriel et les œuvres d'art. Aucun secteur n'est épargné, vrais et faux étant mis en parallèle pour apprendre à les reconnaître. Au final une visite édifiante, pédagogique et hilarante (le grotesque de certaines imitations...).

Foch (avenue)

La rue la plus large de Paris est, comme on pouvait s'y attendre, une... avenue : large de 120 mètres, l'avenue Foch doit son amplitude aux rêves de grandeur du baron Haussmann et de l'impératrice Eugénie, lesquels ne faisaient pas dans le modeste, c'est le moins qu'on puisse dire... A tel point que l'avenue détient aussi le record d'Europe (mais pas du monde, l'*Avenida 9 de Julio* à Buenos-Aires la dépassant de plus de vingt mètres).

Le musée d'Ennery, situé au **n° 59**, est le lieu emblématique de cette attirance pour l'Extrême-Orient, tel qu'il s'est manifesté en Europe au cours du dernier tiers du XIXème siècle. C'est une annexe du musée Guimet où l'on peut admirer une impressionnante collection de dragons, de masques de sorciers chinois et de figurines japonaises, léguée par le collectionneur Adolphe Ennery. Autre singularité : le musée eut, jusqu'aux années 70, la particularité d'être le seul de France à ne pas disposer d'installation électrique. Hé oui, on y déambulait à la simple lueur des bougies ! Effet d'autant plus garanti...

La Fontaine (rue Jean de)

Le *Castel Béranger* est l'une des toutes premières oeuvres d'Hector Guimard - créée en 1898, alors que l'architecte n'a pas trente ans. Malgré les vives protestations d'un certain public choqué par l'exubérance du style (certains l'appelaient le « Castel Dérangé »), il obtint avec cette composition le premier prix de la plus belle façade de la ville de Paris. L'immeuble, à l'origine du succès de Guimard, est maintenant considéré comme une oeuvre emblématique de l'Art Nouveau, au même titre que ses célèbres bouches de métro. Outre le chef-d'œuvre du n°14, on peut aussi admirer d'autres étonnantes constructions de l'architecte, aux n°s 17, 19, 21 et 66, dans la même rue.

Lamartine (square)

Construit en 1855, ce beau puits artésien est l'un des trois de la capitale (les deux autres se trouvent dans le 13ème et le 18ème arrondissement). Un puits artésien est une exsurgence d'où l'eau, naturelle, jaillit, spontanément ou par forage. Celle du square Lamartine, remontant de 587 mètres sous terre, est donc parfaitement naturelle - au contraire des fontaines publiques qui fournissent une eau potable certes, mais traitée. Faisons confiance aux riverains qui y viennent puiser leur réserve d'eau... Ça coule de source !

Lamballe (avenue de)

C'est ici, en 1846, que le docteur Esprit Blanche, psychiatre renommé qui se consacre à l'étude des maladies mentales, s'installe. Cette immense demeure, l'ancien hôtel de la princesse de Lamballe, est alors « réservée » aux classes riches, le lieu attirant autant les mondains que les artistes. Le compositeur Charles Gounod (1857), le poète Gérard de Nerval (en 1853 et 1854) feront ainsi partie des nombreuses célébrités de l'époque à y séjourner, Guy de Maupassant y décédant même - le 6 juillet 1893 - des suites de sa syphilis. C'est devenu aujourd'hui (au **n°16**) l'ambassade de Turquie.

Lannes (boulevard)

Dès 1940, le représentant du chef de la police de Sûreté en Belgique et en France, ouvre ses bureaux au **57**, boulevard Lannes. S'y retrouvent rapidement tous les suppôts de la collaboration : Eugène Deloncle dissident de l'*Action française,* spécialiste des milices et des complots, Marcel Déat qui vient lui du *Parti Socialiste* et qui crée son parti (le *Rassemblement National Populaire*), Jacques Doriot, ancien communiste, chef du *PPF* (*Parti Populaire Français*)... D'autres groupes collaborationnistes viennent compléter le tableau : le *Parti franciste* de Marcel Bucard, le *Front franc* de Jean Boissel, le *Parti Français National-collectiviste* de Pierre Clémenti, la *Ligue française* de Pierre Costantini. Bref, la fine fleur de la collaboration française...

Lauriston (rue)

''Collabos, chapitre II''… Sous l'Occupation, les autorités allemandes s'appuient sur des truands bien français pour leur confier le travail de basse police et les tâches les plus viles. Munis d'une carte allemande, ces voyous sont intouchables. L'essentiel du Milieu, dont la ''bande des Corses'' du boulevard Flandrin, fréquente alors la rue Lauriston. Car le QG de ce qu'on appelle la "*Gestapo* française" se trouve ici, au **n° 93**, dans le très chic 16ème arrondissement. Elle est dirigée par le truand Henri Lafont et un policier véreux et déchu, Pierre Bonny. Racket, marché noir, prostitution, la bande rend des services à l'occupant, traquant juifs et résistants. Ainsi, à cette adresse de sinistre mémoire, des Français torturèrent et exécutèrent d'autres Français - une annexe de cette triste officine étant située au 180 rue de la Pompe, dans le même arrondissement.

Le Sueur (rue)

Le 11 mars 1944, les pompiers sont alertés par des voisins : une odeur nauséabonde s'échappe de la cheminée du **n° 21** de la rue Le Sueur. Dans cette demeure bourgeoise, les enquêteurs dépêchés sur place vont trouver 72 valises et les restes de 27 corps non identifiés. Le propriétaire de ce bel hôtel particulier est un certain Marcel Petiot, médecin qui a établi ici son cabinet trois ans plus tôt… On découvrira ainsi que le bon docteur attirait là ses victimes, les tuait sur place et récupérait leurs effets ! Il fut démasqué, arrêté et condamné - malgré de farfelues et incohérentes dénégations. Le 25 mai 1946, celui qu'on appelait le « Docteur Satan » n'avouera rien : « Je pars avec mes secrets » déclara-t-il devant la guillotine...

Lota (rue)

Au n° **3**, un somptueux édifice abritait jadis le premier siège de l'*Eglise de Jésus-Christ des Saints des Derniers Jours*, autrement dit de la religion Mormone. Ses adeptes professent que l'Homme, même s'il n'a pas été sauvé de son vivant, pourra l'être dans l'autre monde. Il suffit pour cela qu'il reçoive le baptême par procuration. En conséquence de quoi, les Mormons parcourent la France, l'Europe et le monde, photographiant tous les microfilms des registres d'état civil qu'ils peuvent se procurer. En vue d'une résurrection post-mortem donc... Il faut les remercier - peut-être avons-nous déjà été sauvés sans le savoir... et sans avoir rien fait pour !

Maréchal Fayolle (avenue du)

Situé **45** avenue du Maréchal Fayolle, le dernier *blockhaus* de Paris intra-muros (un autre existe encore dans le Bois de Boulogne) se trouve dans un no man's land verdoyant, près de la porte Dauphine. C'est une véritable forteresse de béton de 386 m², sur deux niveaux, construite en 1941 pour abriter un poste de commandement de la marine allemande. Dépêchez-vous de le visiter, la ville de Paris aurait pris la décision de le détruire, un ensemble de logements à « Haute Qualité Environnementale » devant être installé à la place.

Mozart (avenue)

L'immeuble situé au **n° 122** est un hôtel particulier construit par, et pour, l'architecte Hector Guimard – oui, celui des bouches de métro millésimées 1900... L'édifice, de pierre et de briques, comprend trois étages. Étant son propre commanditaire et sûr de l'appui financier de sa riche belle-famille, Guimard fit de la façade et de l'intérieur de son hôtel un des espaces les plus aboutis du style qui fit sa renommée. Moulures, vitraux, meubles, objets, tissus, tout a été pensé et conçu par lui, concourant ainsi au principe d'unité et d'harmonie cher à l'Art nouveau.

Paul Doumer (avenue)

Il était le charcutier *casher* de la rue des Rosiers, il est maintenant devenu celui des beaux quartiers (**36** avenue Paul Doumer). La pâtisserie *XXV* en face, *Mavrommatis* à quelques pas, comme *Hermé* ou *Faye Gastronomie* ; bref il y a là un périmètre gourmand intéressant. Nicolas Panzer vend ici les charcuteries nostalgiques de la « *yiddishkeit* » : *pickelfleisch* (poitrine de boeuf épicé), *pastrami*, saucissons de Cracovie, mais aussi cornichons demi-sel ou pains au pavot. Le tout estampillé *Beth Din*, sous le sceau du grand rabbinat de Paris. Le design de l'endroit sent encore le neuf et l'ensemble n'est pas sans froideur, surtout comparé au bric-à-brac sympathique de l'ancienne échoppe du Marais. Ceci dit, avec ce qu'est en train de devenir la rue des Rosiers (luxe m'as-tu-vu et boboïsme), *Panzer* aurait pu rester sur place…

Raynouard (rue)

Honoré de Balzac fit preuve de goût en élisant domicile, de 1840 à 1845, dans ce charmant logis bâti à flanc de colline - au **n°47**. Si la rusticité des lieux l'enchantait, l'écrivain affectionnait l'endroit aussi pour sa double issue, bien utile pour semer les nombreux créanciers qui frappaient à sa porte. Tel un personnage de (ses) roman(s), il pouvait rapidement se faufiler par la porte arrière donnant sur la rue Berton !

17ème ARRONDISSEMENT

Batignolles (rue des)

Comme ceux de la rue Cavalotti dans le 18ème arrondissement, les commerçants de la rue des Batignolles ont fait orner leurs rideaux de fer de peintures. Elles racontent l'histoire du quartier et forment un bel exemple de *street art* publicitaire.

Bessières (boulevard)

Hébergé au **n° 96**, dans l'enceinte de l'école alternative de Xavier Niel, le musée *Art 42* rompt avec la tradition en proposant une large collection d'oeuvres réalisées par des *street artistes*. Antinomique certes - le *street art* appartenant par définition à la rue -, mais il faut croire que le collectionneur Nicolas Laugero Lasserre en a décidé autrement, passant outre le paradoxe... Il a amassé ici un grand nombre d'œuvres de ce courant artistique : Banksy (*Ballon Girl*, *Le Rat Anarchiste*), JR, Jef Aérosol, Bault - ainsi que d'autres artistes émergents (Miss Tic, Monkey Bird, Madame...).
Ici, on est bien loin des grandes galeries austères. Seul impératif que les fondateurs se sont fixés : ne pas perturber le cadre de travail des étudiants de l'école. Ainsi, les œuvres donnent l'impression, comme par magie, de faire partie du décor.

Clichy (avenue de)

En arrivant place Clichy, il y a certes l'immense *Pathé Wepler* qu'on ne peut pas rater. Mais plus loin sur l'avenue (au **n° 7**), se cache un autre lieu du 7ème art, bien plus original celui-là : le *Cinéma des Cinéastes*. Ancien cabaret au XXème siècle, l'établissement deviendra une « salle obscure » en 1930. Il changera de nom et de propriétaire de nombreuses fois avant d'être laissé à l'abandon, puis repris en main des années plus tard. Son style industriel à base de structures métalliques fait toute son originalité. De plus, toujours à la pointe des derniers films indépendants, il propose un bon nombre d'avant-premières, d'expositions et de conférences - que tout *addict* ne raterait pour rien au monde. Dernier bon point, la salle est l'une des plus jolies de Paris. Et l'imposant bar à l'étage fait aussi son effet, avec deux somptueuses fresques de l'illustrateur Tofdru.

Etoile (place de l')

En 1806, après la bataille victorieuse d'Austerlitz, Napoléon décida de faire bâtir à Paris un monument à la gloire de sa Grande armée. A l'origine, il souhaitait que cette œuvre fût placée à la Bastille, mais son ministre de l'Intérieur préféra préserver les vestiges de la Révolution et suggéra le quartier de Chaillot. Le concept plut à l'empereur, mais il restait un problème à résoudre : quel type de monument fallait-il construire ? Une arche : pourquoi pas, mais il y en avait déjà une en face du Louvre. Napoléon opta alors pour un projet un peu fou : une immense statue dont l'intérieur serait aménagé en musée à la gloire de l'Empire. Oui, mais une statue... d'éléphant ! Entourée d'une large fontaine et faite avec le bronze fondu des canons des espagnols insurgés. Idée originale certes... mais qui s'arrêta au stade de la maquette. Napoléon revint à la raison et opta finalement pour un simple arc de triomphe, à la manière des empereurs romains.

Décidément le petit grand homme corse n'était pas un original, ça aurait été drôle pourtant un immense pachyderme place de l'Etoile, non ?

(Voir la même entrée - 8ème arrondissement.)

Général Koenig (place du)

Coincé contre le boulevard périphérique, un petit bâtiment de style néo-byzantin attire l'œil, tout en courbe et en forme de croix grecque. Voici son histoire : choqué par la mort accidentelle de son fils aîné le duc d'Orléans, le roi Louis-Philippe avait décidé d'édifier un lieu de culte qui lui rendrait hommage. La petite église fut bâtie à l'endroit même de son décès et prit le nom de chapelle Saint-Ferdinand.

Dans les années 70, la restructuration du quartier et la construction du *Palais des Congrès* remirent ce petit édifice religieux au centre de l'actualité. Le bâtiment fut alors intégralement démonté et reconstruit, pierre par pierre, quelques 150 mètres plus loin ! Inscrite aux monuments historiques depuis 1929, cette discrète chapelle recevra finalement l'appellation de paroisse

Notre-Dame-de-Compassion (que l'on implore dans les cas de mort brutale).

Jacques-Bingen (rue)

En 1884, Guy de Maupassant emménage au rez-de-chaussée du **10** rue Montchanin (de nos jours rue Jacques-Bingen). Il y demeurera jusqu'en décembre 1889, période qui correspond aux années « heureuses » de l'écrivain. Maupassant fréquente alors divers salons, entre autres celui de Geneviève Straus, où il fait la connaissance d'un Marcel Proust d'une quinzaine d'années. Paradoxe fait homme, il séduit ou irrite par sa « force de vie » et sa noirceur. Mais il se lasse vite de cette vie mondaine. Sa mauvaise santé, l'amour de la mer et des femmes le conduiront dès lors vers de nombreux et incessants voyages, véritable fuite en avant... Jusqu'à ce jour de janvier 1892 où, pris de crises de folie, il est conduit à la clinique du docteur Blanche. Il n'en ressortira jamais - victime de son *Horla* intérieur ?

Pierre-Demours (rue)

Ancienne demeure privée et cadeau de Napoléon III à son médecin personnel, le docteur Henri Conneau, le *Regent's Garden* (au **n° 6**) est devenu maintenant un hôtel, un hôtel qui cache un jardin de 450 m²... Initialement réservé aux clients de l'établissement, ce havre de paix est dorénavant ouvert à tous. On y vient à toute heure de la journée, le temps d'un thé ou d'un café. Érables rouges, arbres de Judée, ifs, hortensias, cet écrin de verdure d'inspiration japonaise est une invitation à l'évasion et à la détente. Le jardin, considéré comme l'un des plus beaux de Paris, a été réalisé par le paysagiste Xavier de Chirac.

Stéphane Grappelli (rue)

Haute de dix étages et abritant trente appartements, cette tour d'habitations mérite bien son nom : *Tower Flower*. 380 pots, plantés de bambous ou d'autres végétaux, encerclent en effet l'immeuble sur toute sa circonférence, lui conférant cette allure si particulière de « mur vert ». Profusion de verdure maîtrisée, les plantes régulent la chaleur et filtrent la luminosité à l'intérieur du bâtiment, alliant ainsi originalité et utilitaire. Œuvre de l'architecte Edouard François, on trouve l'édifice au **n° 8**.

Villiers (avenue de)

Un mystérieux atelier d'artiste occupe les locaux du **43** avenue de Villiers, au cœur de la plaine Monceau. Ce charmant hôtel particulier fut acheté par la famille du peintre alsacien Jean-Jacques Henner (1829-1905), pour y exposer quelques unes des pièces de sa monumentale collection. Très en vogue en son temps, sa production - à mi-chemin entre impressionnisme et naturalisme - privilégiait les nus féminins aux chairs pâles, à la chevelure rousse et aux poses alanguies. Le musée n'en est pas vraiment un, c'est plutôt un lieu qui se veut le témoignage de ce que pouvait être un atelier d'artiste au XIXème siècle - et de fait l'endroit fut celui du peintre Guillaume Dubufe. En tout, on peut y admirer plus de 300 tableaux, meubles et objets ayant appartenu à Henner.

18ème ARRONDISSEMENT

Abbesses (place des)

Les grands édicules d'accès au métro parisien ont pratiquement tous disparus, victimes du courant moderniste. Les plus imposants avaient été construits sous forme de pavillon chinois ou de pagode, les édicules vitrés plus modestes étant eux poétiquement surnommés « libellules ». Des trois qui subsistent encore, seul celui de la Porte Dauphine (ligne 2) est à sa place d'origine. Celui des Abbesses (ligne 12), était originellement situé à la station Hôtel de Ville et a été remonté à cet emplacement en 1974. Quant à celui de la Place Ste-Opportune (Châtelet), il a été reconstitué en 2000 pour le centenaire du métro.

La station de métro Abbesses située sur la place a aussi la particularité d'être la plus profonde de Paris. Moins 36 mètres ! Rien d'étonnant puisqu'on est en plein Montmartre, point culminant de la capitale.

Abbesses (rue des)

Baptisée « Saint-Jean-des-Briques », cette improbable église datant de 1904 a été décorée par le céramiste Alexandre Bigot. Le style, inspiré de l'Art nouveau, montre tout ce que l'art religieux peut tirer des techniques « profanes ». Bien que son aspect intérieur en ait choqué plus d'un (elle a été construite en béton armé), l'église est décorée de huit belles peintures murales - signées des artistes Thierry et Plauzeau - et possède une verrière magnifique. Son aspect déroutant en fait, quoi qu'on en pense, un chef d'œuvre d'architecture religieuse (**n° 21**).

Becquerel (rue)

Dans ses œuvres de jeunesse des années 20, André Breton - situationniste avant l'heure - expérimente un rapport aux lieux qui ne s'appuie ni sur le souvenir ni sur le passé, mais sur la rencontre, la déambulation et la recherche de l'inattendu. Tel que l'écrivain le raconte, le 21 mars 1927, le patron d'un hôtel du **4** rue Becquerel - où Nadja, muse du poète, a échoué - appelle la police après une crise de folie de la jeune femme. Elle est alors transportée au dépôt de la préfecture de police puis internée à l'hôpital de Perray-Vaucluse - jusqu'à ce que ses parents la fassent transporter dans un asile psychiatrique… Et qu'elle devienne l'héroïne de *Nadja*, récit mi-biographique mi-fantasmé et pierre angulaire de l'œuvre du poète.

Belliard (rue)

Au **35-37**, rue Belliard se trouvait le dernier refuge parisien de Jacques Mesrine, gangster en cavale depuis des années… Jusqu'à ce 2 novembre 1979 où, Porte de Clignancourt, il est abattu, sans sommation et sans aucune chance d'en sortir vivant il faut bien le reconnaître. *Instinct de Mort* ? En tout cas fin de cavale pour l'ennemi public n° 1 de ces années-là.

Brouillards (allée des)

Au Moyen Âge, les vapeurs d'eau qui, au contact de l'air, émanaient de ces lieux formaient une sorte de brume enveloppant tout le paysage - d'où le nom donné à l'endroit. Le domaine environnant fut alors racheté pour y construire une demeure au fronton triangulaire, demeure appelée... le *Château des Brouillards*. L'entrée se situe au 13, rue Girardon et on peut encore le voir aujourd'hui, restauré et blanchi. Avec un nom aussi poétique et mystérieux, on comprend pourquoi le poète Gérard de Nerval, séduit par l'environnement, y habita.

Caillié (rue)

Aux siècles derniers, certaines maisons closes comme *Le Panier Fleuri* (à l'angle de la rue Caillié et du boulevard de La Chapelle) étaient de véritables assommoirs du sexe. Les passes étaient minutées et fixées à 70 par jour minimum, sans hygiène et sans intimité. De véritables "claques de seconde catégorie" (à l'image de *La Maison Tellier* décrite par Maupassant) et rien à voir avec les établissements de luxe, style le *Chabanais* ou le *One-Two-Two*. Ceci dit, ne nous leurrons pas, les maisons ont peut-être fermé mais le sexe tarifé sordide lui existe toujours. Pour s'en convaincre, il suffit de faire un tour sur les boulevards extérieurs tout proches...

Cavalotti (rue)

Sur les devantures de quelque vingt magasins de cette rue, on trouve une spectaculaire galerie de peintures, composée pour l'essentiel de reproductions de toiles célèbres. Effet des plus réussis mais il faudra, on l'aura compris, attendre que les commerçants aient fermé boutique pour visiter ce musée en plein air.

Chevalier-de-la-Barre (rue du)

Ouvrier généreux et dévoué, militant socialiste et sorte de saint laïc, Eugène Varlin participa activement à la Commune de Paris. Le 28 mai 1871, il fut arrêté ici (au **36** rue du Chevalier-de-la-Barre, anciennement 6 rue des Rosiers), lynché puis exécuté sur place - à l'endroit même où avaient été fusillés les généraux versaillais Lecomte et Clément-Thomas. En expiation des péchés des communards donc... Peut-être aussi parce qu'il avait osé proclamer que *"Tant qu'un homme pourra mourir de faim à la porte d'un palais où tout regorge, il n'y aura rien de stable dans les institutions humaines".* Ici, pas de plaque commémorative - mais une rue et un pont sur le canal Saint-Martin (dans le 10ème arrondissement) portent son nom.

Clichy (boulevard de)

Inauguré en 1997, le Musée de l'érotisme (**72** boulevard de Clichy) est consacré à l'art du même nom (peintures, sculptures, objets). Situé en plein cœur de... Pigalle, il propose sur sept étages des expositions permanentes : art populaire (la sexualité dans son aspect récréatif), art sacré (au travers de la sexualité, de la fécondité et de la fertilité), art contemporain (photographies, dessins, peintures) et Histoire des maisons closes (de la fin du XIXème siècle jusqu'à leur fermeture). Il expose aussi des pièces authentiques et *vintages* de tous les continents et abrite des expositions temporaires d'artistes internationaux.

C'est en 1892 que le *Moulin Rouge* (**82** boulevard de Clichy) présenta aux Parisiens blasés le numéro le plus extraordinaire qui fut jamais offert sur une scène de music-hall : *Le Pétomane*. Le Marseillais Joseph Pujol y acquit une renommée prodigieuse en restituant bon nombre d'airs musicaux à l'aide de son... arrière-train - lequel arrière-train possédait la capacité de se recharger à volonté (en air justement !) et de les « chanter ». Pujol se fit alors construire un théâtre ambulant - le théâtre *Pompadour* - à la tête duquel il sillonna toute la France, faisant fuser d'un rire bien gras le public hilare... Fleuron de l'art français et star de son époque, personne n'a jamais pu dire que le succès de l'artiste était sans fondement.

Au **n° 122**, il y avait jadis une statue de Charles Fourier, datant de 1899. Celle-ci fut déboulonnée en 1942 par le régime de Vichy,

Fourier étant ce socialiste utopiste français considéré comme un des ancêtres du marxisme... En 1969, un petit groupe situationniste survivant de Mai 68, y installa à nouveau une statue du théoricien des phalanstères : *"En hommage à Charles Fourier. Les barricadiers de la rue Gay-Lussac"*... Statue vite enlevée à nouveau - par le pouvoir gaulliste cette fois-ci ! Après maintes autres péripéties, c'est maintenant *La 4ème Pomme*, œuvre-hommage du sculpteur Franck Scurti, qu'on peut admirer sur le socle, entourée de quatre plaques de verre colorées. L'artiste plasticien s'est inspiré d'une réflexion de Fourier qui, demandant dans un restaurant une pomme comme dessert, fut frappé de devoir la payer quatorze sous - soit le prix de plusieurs kilos de ce fruit en province. Cet abîme entre les prix le conduisit à réfléchir sur l'imposture commerciale qui pesait sur les plus humbles.

Il y eut donc la pomme d'Eve, la « pomme de la discorde » de Pâris, la pomme de Newton.... Place maintenant à la quatrième : la pomme de Fourier !

Cortot (rue)

Au deuxième étage du **n° 6**, le *Musée-Placard* d'Erik Satie était une reconstitution de la pièce où le compositeur vécut de 1896 à 1898. Le musée - de fait le plus petit au monde (3 mètres sur 3 !) - était à l'image de ce musicien aux facéties et à l'humour grinçants. Pour preuve les titres de quelques-unes de ses œuvres : *Trois morceaux en forme de poires*, *Fantaisie musculaire*, *Danses de travers*... L'endroit a finalement fermé ses portes en 2008. Et le mystère demeure : faute de visiteurs ou faute de place pour les accueillir ?

Emile-Goudeau (place)

Située sur la charmante place Emile-Goudeau (au n° **13**), une brinquebalante bâtisse en bois, sans doute dénommée *Bateau-Lavoir* par dérision, ouvrait au rez-de-chaussée sur la place et débouchait dans la rue Garreau. Refuge mal chauffé aux ateliers improvisés, l'endroit fut pourtant le creuset de l'art moderne au début du XXème siècle.

La « bande d'énergumènes » qui occupait les lieux était souvent d'origine étrangère. Parmi ces écrivains et artistes figuraient Apollinaire, Max Jacob, Mac Orlan, Modigliani, Van Dongen, Juan Gris... Et le plus célèbre, Pablo Ruiz Picasso, qui, à son arrivée, révolutionna la peinture avec son célèbre tableau cubiste de 1907 : *Les Demoiselles d'Avignon*. Lesquelles demoiselles n'avaient 1) rien de provençal, et 2) rien de vraiment « artistique » (tout simplement les pensionnaires d'un lupanar de la *Calle de Avignon*, à Barcelone !). Classé par le ministre de la Culture André Malraux en 1969, le *Bateau-Lavoir* fut malheureusement détruit par un incendie un an plus tard. Reconstruit en béton en 1978, on le réaménagea en vingt-cinq ateliers réservés à de jeunes artistes, sans qu'ils y soient logés.

Girardon (rue)

A l'angle des rues Norvins et Girardon, au n°
4, se dresse un imposant immeuble. C'est ici que
vécut Louis-Ferdinand Céline, de 1941 à 1944.
L'écrivain et sa compagne, la danseuse Lucette
Almanzor, n'y restèrent que quatre ans. Mais le
lieu est emblématique, puisqu'il correspond à la
période « controversée » de Céline, à savoir celle
de l'Occupation. Au cinquième étage, palier
gauche, deux fenêtres s'ouvraient sur le *Moulin
de la Galette* et l'atelier du peintre Gen Paul,
deux autres sur la cour intérieure - avec Paris
pour toile de fond.

Un peu plus loin, au **n° 12**, domicile de l'acteur
Robert Le Vigan, lequel accompagnera Céline
dans sa fuite vers l'Allemagne, juste avant la
libération de Paris. Cet épisode constituera la
toile de fond d'un chef-d'œuvre de l'écrivain -
D'un château l'autre - épopée picaro-burlesque
mettant en scène la débandade d'un régime
ubuesque, celui de Vichy.

Goutte d'Or (passage de la)

En 1905, un retentissant procès divisa l'opinion
publique : celui de Jeanne Weber. On accuse
cette femme d'avoir fait disparaître, à son
domicile du **8 bis** passage de la Goutte-d'Or,
trois de ses nièces en bas âge et son propre fils.
Défendue par Henri Robert, le plus illustre avocat
de son temps, elle est vite acquittée faute de
preuves formelles - mais doit fuir Paris, sa famille
et ses voisins étant moins persuadés de son

innocence... Après une longue période de vagabondage et de prostitution, elle va finalement s'installer dans une pension de Commercy. Alors, assagie, la douce Jeanne ? Que nenni, un jour de 1908, elle est surprise en train... d'étrangler le petit Marcel Poirot, fils de l'aubergiste ! Définitivement déclarée folle, Weber est expédiée à l'asile de Fains-Véel (dans la Meuse), où elle mourra d'une crise de néphrite, le 5 juillet 1918. Fin de parcours pour celle qu'on surnommait « L'Ogresse de la Goutte-d'Or ».

Houdon (rue)

C'est ici, au n° **24** de cette rue populaire du 18ème arrondissement, que vécut Louise Michel, figure emblématique du mouvement ouvrier français. Celle qu'on surnommait « La Vierge Rouge », révolutionnaire et féministe avant l'heure, fut aussi une institutrice dévouée et convaincue de son rôle. En 1865, à 35 ans, elle ouvre une école à Montmartre, rue du Mont-Cenis. Ayant refusé de prêter serment à l'Empire, elle va alors développer sa propre conception de l'éducation, sur des principes laïcs et républicains. Jusqu'aux derniers jours de la Commune de Paris et son écrasement par les troupes versaillaises, elle dirigea son établissement. Puis arrêtée et condamnée, elle partira au bagne continuer son métier d'institutrice - à Nouméa en Nouvelle-Calédonie !

Jehan-Rictus (square)

Le *Mur des je t'aime*, sis square Jehan-Rictus, est l'œuvre de Frédéric Baron, un auteur-compositeur qui a collecté, auprès de simples quidams rencontrés dans Paris, plus de 1 500 déclarations d'amour. On y voit des « je t'aime » dans toutes les langues, en anglais, en chinois, en russe, mais aussi dans des dialectes rares ou oubliés comme le navajo ou l'esperanto : en tout 311 « je t'aime » déclinés en 280 langues. Le tout a été assemblé sur 612 carreaux en lave émaillée d'une superficie de 40m^2, par l'artiste calligraphe Claire Kito.

Junot (avenue)

Au **n° 1** avenue Junot, le *Ciné 13* a été entièrement reconstruit et décoré façon années 20. Son propriétaire, le cinéaste Claude Lelouch, l'a utilisé pour le tournage de son film *Édith et Marcel*, en 1983. Il reste ensuite quelques années un cinéma de quartier où le réalisateur diffuse ses films en avant-première. Depuis, Salomé Lelouch a racheté les lieux à son père et en a fait un théâtre, le *Théâtre Lepic*. Anecdote amusante : c'est dans cette salle qu'eut lieu en mai 2009 le record du monde du plus long concert, celui du pianiste canadien Chilly Gonzales. 27 heures, 3 minutes et 44 secondes !

Au **13**, la maison du dessinateur Francisque Poulbot. Il y développa ses œuvres sociales en faveur des enfants pauvres, qu'il aimait portraiturer et à qui il donna son nom. Tout près, au **n° 15**, celle de l'écrivain Tristan Tzara, construction moderne toute en épure de l'architecte autrichien Adolf Loos.

Ici, au **21**, l'assassin signe ses forfaits du nom de « Monsieur Durand »… Dès son premier film (*L'assassin habite au 21*), Henri-Georges Clouzot impose sa vision du monde, noire et pessimiste. La mise en scène est nerveuse et offre une étonnante galerie de personnages, aidée en cela par des acteurs caustiques et percutants (Pierre Fresnay, Suzy Delair, Noël Roquevert…). Bien que toutes les scènes aient été tournées en studio, les protagonistes habitent dans une petite pension de famille - *Les Mimosas* - ayant pour adresse, on n'a jamais vraiment su pourquoi, le 21 avenue Junot.

Lepic (rue)

Il ne se passe pas une journée sans que se forme, au **n° 15** devant le *Café des 2 Moulins*, un groupe de touristes cinéphiles. C'est en effet ici que furent tournées de nombreuses scènes du célèbre film de Jean-Pierre Jeunet, *Le Fabuleux destin d'Amélie Poulain*. Le kiosque à tabac de Georgette (Isabelle Nanty) n'existe plus, mais le zinc où officiait la patronne lui est toujours à sa place.

Au **83**, dernier moulin d'origine de Paris. Le *Moulin de la Galette* a été souvent restauré mais a conservé intact son mécanisme intérieur, son escalier et ses meubles. Il accueille maintenant un restaurant très couru et est encore un des lieux les plus visités par les touristes en goguette.

En 1929, le docteur Destouches (alias Louis-Ferdinand Céline en littérature) emménage au n° **98**, avec sa compagne, la danseuse Elizabeth Craig. C'est ici qu'il va écrire deux de ses plus célèbres romans : *Voyage au bout de la nuit* (1932) et *Mort à crédit* (1937). Céline habitera les lieux jusqu'en 1941, date à laquelle il déménagera rue Girardon, dans le 18ème arrondissement. L'appartement de la rue Lepic fut ensuite habité par la chanteuse Dalida puis - retour à la littérature - par l'écrivain Bernard Morlino.

Au n° **110**, dernier domicile de Jean-Baptiste Clément, l'immortel auteur du *Temps des Cerises*. Personnage emblématique de la Commune de Paris, il fut toute sa vie surveillé par la Sûreté Nationale, son dossier aux archives de la Préfecture faisant environ 30 cm d'épaisseur... Pour la petite histoire, le dernier document relatif à son cas est un programme de cabaret de 1963 organisant une soirée... pour les soixante ans de sa mort ! La police craignait-elle encore son fantôme ?

Marcel-Aymé (place)

Dans la nouvelle de Marcel Aymé, *Le Passe-Muraille*, Dutilleul - modeste employé de bureau - découvre un soir qu'il a le pouvoir de traverser les murs. Il se sert alors de cette faculté pour se venger des humiliations subies à son travail, puis commet des cambriolages et devient un homme riche. Amoureux d'une jolie femme, il traverse les murs pour la retrouver - au nez et à la barbe du mari jaloux... Jusqu'au jour où, perdant son don, il reste subitement et définitivement figé à l'intérieur d'un mur, rue Norvins... En 1989, l'acteur (mais aussi sculpteur) Jean Marais a immortalisé le conte sur la place qui porte le nom de l'écrivain. Effet garanti à la nuit tombée.

Orchampt (rue d')

Les trottoirs de cette rue sont-ils les plus étroits de Paris ? C'est en tous cas ce que dit Romain Duris à Audrey Tautou dans le film de Cédric Klapisch, *L'Auberge Espagnole* : « J'ai repensé à not' premier baiser. J'm'en souviens c'était dans cette rue... J'sais pas pourquoi on avait choisi la rue d'Paris qui a le plus petit trottoir ! ». La rue en question, c'est la rue d'Orchampt. Mais peut-elle effectivement prétendre au titre du plus petit trottoir de Paris ? Pas sûr, car d'autres ruelles ou passages ont probablement des accotements aussi, voire plus, étroits. Certains en sont même totalement dépourvus. Néanmoins, essayez de déambuler ici... Heureusement que le trafic automobile y est quasiment nul !

Ordener (rue)

A 8h45, ce 21 décembre 1911, un garçon de recettes, Ernest Caby, portant sur lui trois sacoches contenant des chèques, des titres et de l'argent liquide, descend du tramway Trinité-Enghien à la station Championnet. Ici l'attend Alfred Peemans, employé de la *Société Générale*, qui doit lui servir de garde du corps jusqu'à l'agence de la banque, située au 148 rue Ordener. A la hauteur du **n° 152**, Caby aperçoit deux hommes qui viennent à sa rencontre, le regard fixe et menaçant. Ses yeux s'écarquillent quand ils sortent chacun de leur poche un *Browning* et qu'ils tirent instantanément... Caby s'effondre, Peemans lui en réchappe et s'enfuit vers l'agence en hurlant. Et l'épopée sanglante de la *Bande à Bonnot* peut commencer...

Pajol (rue)

Au **17** de la rue Pajol, le temple *Sri Manicka Vinayakar Alayam* est consacré à Ganesh, le dieu à tête de pachyderme, fils de Shiva. Créé en 1983, il est le seul temple hindou de Paris. En septembre, lors de la fête du Dieu éléphant, le lieu devient le point de ralliement de fidèles - venus parfois de très loin - et une parade est organisée dans les rues des 11ème et 18ème arrondissements. Mélange d'exubérance et de convivialité, un repas végétarien est alors offert aux participants. On défile ensuite sous les statues de Ganesh et d'autres divinités du panthéon hindou : Durga, Ayyappan, Vishnou, Bhaivara...

Porte-de-Clignancourt (avenue de la)

Le « Marché aux Puces » de la Porte de Clignancourt naît officiellement en 1885 - bien que l'endroit fût déjà depuis longtemps un emplacement occupé par les gens du voyage. A la même époque, l'arrêté du préfet Poubelle (oui, l'immortel créateur de la... poubelle) va priver les chiffonniers de leur matière première, laquelle s'entassait encore dans les rues de la capitale. Les chiffonniers s'installent alors eux aussi Porte de Clignancourt, finissant ainsi de faire du lieu le marché de légende que l'on connaît.

De nos jours plus « présentables », les *Puces* sont devenus la plus importante concentration d'antiquaires et de brocanteurs du monde, accueillant cinq millions de visiteurs par an. L'origine du mot ? C'est tout simple : les puces sont ces insectes parasites dont on sait qu'ils infestaient les vieux vêtements vendus par les « biffins ». L'expression « marché aux Puces » coulait alors de source et devint rapidement populaire. Elle apparaît dès 1900 sur les légendes des cartes postales représentant des vues de la Porte de Clignancourt.

Rachel (avenue)

Au cimetière Montmartre (**n° 20**), la tombe du dessinateur Maurice Sinet - alias Siné ou encore Bob Siné - ne peut manquer d'attirer l'attention. De loin se dresse un doigt d'honneur géant, pointé vers le ciel semble-t-il... De plus près, il se métamorphose en cactus. Mais un cactus qui effectivement fait bien un doigt d'honneur !

L'anarchiste Siné, qui avait fait installer ce "monument" quelques années avant sa mort, n'en était pas satisfait. Il trouvait que le doigt en question n'était pas assez convaincant. Il est pourtant bien là, avec son humour noir, son goût de la rigolade et son refus de se prendre au sérieux. Il est comme un enfant qui veut avoir le dernier mot... et qui l'a.
... Et l'épitaphe sur la tombe : " Mourir? Plutôt crever ! " - bien vu Bob !

Ronsard (rue)

Au sein d'une belle architecture de style Baltard, tournée vers la Butte Montmartre, la *Halle Saint-Pierre* abrite - au **n° 2** - un musée, une galerie, une librairie, un auditorium et un café. C'est dans ce cadre harmonieux que sont présentées de grandes expositions et des activités culturelles dédiées aux formes les plus inattendues de la création (art naïf, art brut, etc...). L'art, contemporain ou pas, ne doit pas avoir de frontières ni de contenus figés : c'est un territoire en expansion dont les contours sont en perpétuelle évolution. Voilà le credo de la *Halle Saint-Pierre*.

Saules (rue des)

Au **n° 22**, le propriétaire de l'ancien *Cabaret des Assassins* confia un jour à André Gill, un peintre habitué des lieux, la confection de son enseigne. Celui-ci peignit alors un lapin vêtu d'une redingote et d une écharpe, et qui s'échappe d'une marmite. Le cabaret devint alors connu sous le nom de « Lapin à Gill », bientôt transformé en *Lapin agile* (calembour quand tu nous tiens...). En fait, l'animal serait un portrait déguisé du caricaturiste lui-même, lequel avait réussi à échapper à la répression versaillaise après les évènements de la Commune... Avec agilité donc !

Tardieu (rue)

Passant, découvre toi ! Car c'est ici, au **n° 4** de la rue Tardieu, que fut fondé, en 1913, le "Comité du Centenaire de la Naissance d'Hégésippe Simon". Et la naissance d'un des plus hilarants canulars du siècle ! A partir de ce nom fictif (calqué sur celui de l'obscur poète Hégésippe Moreau et du politicien Jules Simon), le journaliste Paul Birault avait décidé d'envoyer une invitation à une centaine de parlementaires, leur demandant de rejoindre le comité honorant cette « illustre personnalité ». Et de se rendre le 31 mars 1914 à Poil (!), prétendument la ville natale d'Hégésippe Simon (et véritable bourgade dans la Nièvre), pour l'inauguration de la statue de « ce grand précurseur de la démocratie », auteur de l'immortel aphorisme : « Les ténèbres s'évanouissent - quand le soleil se lève... ». Dérision, quand tu nous tiens... Au bout du compte, Birault reçut pas moins de dix-sept réponses, dont celle d'un futur président du Conseil prétendant avoir connu personnellement « ce grand Français paré de toutes les vertus républicaines » ! Le farceur révèlera finalement la supercherie dans l'édition du 21 janvier 1914 du quotidien *L'Éclair*, non sans regret : « J'avais fini par croire à son existence à force d'entendre des hommes d'État prononcer son nom... ». Par contre, on ne sait pas comment le futur président du Conseil se sortit de cette honteuse histoire...

Tholozé (rue)

Le *Studio 28* est le plus ancien cinéma de Paris encore en activité. Inauguré le 10 février 1928, il accueillit la première du mythique *Un Chien Andalou*. Le film (de Luis Buñuel et de Salvador Dali) « plut » bien au-delà du cercle des Surréalistes, occasionnant une trentaine de dénonciations (pour atteinte à la morale entre autres). Le scandale n'étant pas pour déplaire aux deux auteurs, le succès bien réel lui ne fut pas du tout de leur goût - Buñuel et Dalí signèrent alors une note de protestation : *"Nous pensons que le public qui a applaudi à* Un Chien Andalou *est abruti par les revues d'avant-garde... Il n'a pas compris le fond moral du film, qui est dirigé directement contre lui avec une violence et une cruauté totales."* Le poète Federico Garcia Lorca crut lui se reconnaître dans le titre. Selon lui, « chien andalou » aurait été un surnom - au mieux moqueur, au pire cruel - le désignant... La brouille entre les trois amis de jeunesse perdurera ainsi jusqu'à la mort de Lorca.

Quoi qu'il en soit, deux ans tard, le *Studio 28* lança aussi *L'Âge d'Or,* des mêmes Buñuel et Dali. Puis, à partir de 1932, il se spécialisa dans les comédies américaines (Frank Capra, Marx Brothers, W. C. Fields, etc...), devenant ainsi un des cinémas les plus fréquentés de Paris.

19ème
ARRONDISSEMENT

Botzaris (rue)

Créé en 1867 sous Napoléon III, le parc des Buttes-Chaumont (entrée au **n° 1**) fut aussitôt apprécié comme lieu de promenade, un journaliste parlant même de « *la plus belle chose que Paris puisse montrer* ». On y trouve en particulier un petit lac sur lequel a été jeté un pont. Nommé initialement *Pont des Soupirs* (en référence au célèbre pont de Venise), il devint très vite maudit puisqu'il ne se passait pas un jour sans qu'un désespéré ne se précipite du haut de son parapet. Pour mettre un terme à cette épidémie de suicides, l'administration éleva un garde-fou, dès les années 1890. Les familles parisiennes purent alors reprendre leurs promenades - les candidats au grand saut s'étant déplacé vers d'autres endroits de la capitale, la tour Eiffel nouvellement construite en particulier.

Crimée (rue de)

Au sommet d'une petite butte au **n° 93**, entre les bouleaux, l'église russe St-Serge de Radonège a des allures d'*isba* perdue dans la montagne. Accueillant à l'origine un lieu de culte luthérien, le bâtiment fut finalement racheté pour devenir un sanctuaire orthodoxe, au milieu des années 20. Ceci afin d'offrir aux Russes de Paris, de plus en plus nombreux après la Révolution de 1917, un autre lieu de culte que celui de la cathédrale St-Alexandre-Nevsky de la rue Daru. A ne pas manquer, le porche ouvragé façon dentelle - une petite merveille.

Au bout de la rue de Crimée et du canal de l'Ourcq, on trouve le dernier pont levant de la capitale - construit en 1855 par la même société qui installera plus tard les ascenseurs de la tour Eiffel. Lorsqu'il se soulève, on aperçoit ses roues articulées sur des... colonnes grecques à crémaillères ! L'alliance de la technologie et de l'art antique en quelque sorte.

Flandre (rue de)

Il existe, au **44** rue de Flandre, - ignoré de la plupart des habitants du quartier - un des plus anciens cimetières de Paris (avec ceux du Calvaire à Montmartre et de St-Germain-de-Charonne). Il s'agit d'une nécropole réservée aux Juifs portugais de la capitale et qui accueillit des sépultures de 1780 à 1810 - date à laquelle une parcelle du Père-Lachaise fut enfin réservée à l'inhumation des israélites. La plupart des dalles sont datées d'après le calendrier hébraïque, avec souvent la correspondance inscrite en fonction des calendriers révolutionnaire ou chrétien.
Ce lieu sacré vaut autant pour son intérêt historique que pour son aspect « décalé » - clos par un mur et totalement isolé du reste de la ville par de hauts immeubles. On imagine bien qu'il s'en est fallu de peu que l'appétit des promoteurs n'expédie au fond d'un quelconque musée toutes ces vénérables pierres... Pour pouvoir visiter le cimetière, il faut s'adresser au Consistoire israélite de Paris.

Georges Lardennois (rue)

La *Butte Bergeyre*, secret bien gardé des Parisiens avertis, est une curiosité perchée au sommet d'un triangle formé par la rue Manin à l'est, l'avenue Simon Bolivar au sud et l'avenue Mathurin-Moreau au nord. A l'ouest des Buttes-Chaumont, préservé des regards par des constructions datant de 1930, ce minuscule quartier accroché à flanc de colline joue à cache-cache avec les promeneurs. L'accès (sportif !) se fait par deux escaliers abrupts, l'un côté Bolivar - 75 marches immortalisées en 1950 par le photographe Willy Ronis -, l'autre à l'ouest, l'escalier de la rue Michel-Tagrine. Une fois le sommet atteint, se dévoilent un beau panorama et un pittoresque petit village de 1 200 habitants, autour de la rue Georges Lardennois. Maisons de ville et coquets pavillons sont disposés le long de ruelles sinueuses et de lacets pentus, l'architecture mêlant avec bonheur brique, pierre de meulière et colombage fantaisiste.

Jean-Jaurès (avenue)

Au **211** avenue Jean-Jaurès, le parc de la Villette - ancien emplacement des abattoirs du même nom - fut construit en 1867, sur décision de Napoléon III et du préfet-baron Haussmann. Il s'étend sur 55 hectares (dont 33 de jardins), ce qui en fait le plus grand espace vert de la capitale - devant le jardin des Tuileries (25,5 ha), le parc des Buttes-Chaumont (25 ha) et le jardin du Luxembourg (23 ha). Traversé par le canal de l'Ourcq, on y trouve, entre autres :

. La *Grande Halle de la Villette* (13 000 m^2) ;
. La *Cité des Sciences et de l'Industrie*, conçue par Adrien Fainsilber en 1986 ;
. *La Géode*, cinéma implanté dans un bâtiment-dôme géodésique (1985) ;
. La *Cité de la Musique*, créée par Christian de Portzamparc ;
. *Le Zénith Paris - La Villette* (1984) ;
. La *Philharmonie*, créée en 2015 ;
. Un… sous-marin (*l'Argonaute*) ;
. *Le Trabendo*, salle de spectacle (ouverte en 1994)…

Devant la *Grande Halle* (1865-1867), belle fontaine dite *aux Lions de Nubie*, datant de 1811. Initialement située place du Château-d'Eau (actuelle place de la République) et transférée ici en 1869, elle servait à l'époque d'abreuvoir pour les bestiaux… avant d'aller à l'abattoir !

Mouzaïa (rue de)

Le quartier de la *Mouzaïa*, dans le 19ème arrondissement, est un petit bout de campagne à Paris. Un quartier qui offre une balade bucolique à travers ses allées piétonnes et ses habitations - initialement réservées à une population ouvrière. Concentré autour de la rue du même nom et de celles du Général-Brunet et Miguel-Hidalgo, il est constitué de maisonnettes pleines de charme, faites en briques et bordées de jardins fleuris. On privilégiera en particulier les villas *d'Alsace, Eugène-Leblanc, de Bellevue, des Lilas* et, côté nord, celles *du Progrès* et *de la Renaissance*. Les pentes correspondent aux anciennes carrières sur lesquelles fut construit le quartier - et dont aucun promoteur ne voulait à l'époque (1872).

Seine (quai de la)

Sur le quai de la Seine (**n° 45**), le bassin de la Villette est le plus grand plan d'eau artificiel de la capitale. Inauguré en 1808, il mesure 800 mètres de long sur 70 de large et relie le canal Saint-Martin au canal de l'Ourcq. Ce bassin rectangulaire (tirant d'eau de 2m60) s'ouvre un peu après le pont de la rue de Crimée et se termine à la rotonde de la Villette, laquelle jouxte la place Stalingrad. Il accueille des comptoirs pour croisières fluviales, ainsi qu'un original complexe cinématographique *MK2*. Implanté dans d'anciens portiques en fonte reconvertis, sa liaison est assurée par bateau électrique, de part et d'autre du bassin ! A noter aussi, côté place Stalingrad, une belle rotonde. Autrefois appelée barrière Saint-Martin, c'est l'un des derniers vestiges du mur des Fermiers généraux, enceinte qui entoura Paris jusqu'en 1860. Elle fut construite par Claude Nicolas Ledoux, l'architecte visionnaire de la saline d'Arc-et-Senans.

Simon-Bolivar (avenue)

Le 7 novembre 1921 débute à Versailles le procès d'un certain Henri Désiré Landru. Ce dernier est défendu par le meilleur des avocats de l'époque : Maître Vincent de Moro-Giafferi. Pendant le procès, celui-ci va plaider : « *Ces femmes dont vous dites qu'elles sont mortes du fait de mon client, elles vont maintenant faire leur apparition... ».* Tout le monde est effaré et regarde les portes du tribunal - et même les membres du jury évidemment... Alors le rusé avocat ajoute : « *Vous avez regardé, vous n'êtes donc pas sûrs que ces femmes sont mortes, vous devez donc acquitter mon client ! ».* Malin l'avocat... Mais pas Landru. Celui-ci n'a en effet pas bougé... Alors le président du tribunal réplique : « *Certes, t*outes *les têtes se sont tournées, maître... sauf celle de votre client ! ».*

Né en 1869 au **41** avenue Simon-Bolivar (à l'époque rue Puebla), Landru fut finalement condamné et exécuté, tel le vulgaire *serial killer* qu'il était. Un tueur qui pourtant savait faire preuve d'esprit... A une journaliste à la réputation de féministe qui lui demandait où étaient passées toutes ces femmes (qu'il était accusé d'avoir brûlées dans la cuisinière de sa maison de Gambais), il répondit : « Oh, vous savez moi, je suis juste pour le retour de la femme au foyer... ». Humour noir certes, mais tout de même.... Sacré Henri, va !

Solidarité (rue de la)

Sur une plaque *vintage*, discrètement accolée à un immeuble, on peut lire au **n° 1**: « *Tout près d'ici reposent de très nombreux citoyens morts en mai 1871 pour la République et la Liberté ».* Hommage pudique et discret aux 20 000 morts de la Commune de Paris...

20ème ARRONDISSEMENT

Boyer (rue)

Salle de concert à la programmation éclectique (rock, indé, électro, folk), *La Maroquinerie* est installée - comme son nom l'indique - dans un ancien atelier de travail du cuir, au **n° 23**. La structure existe depuis 1997 et comporte une salle d'une capacité de cinq cents personnes, mais aussi un bar restaurant ouvert tous les soirs.

Cascades (rue des)

Au **44** rue des Cascades se trouvaient le jardin et la maison de Félix Leca, chef d'une bande de voyous qui a inspiré le film de Jacques Becker, *Casque d'Or* (1951). Celui-ci fut tourné en partie ici, en plein Belleville. Il relate la célèbre affaire criminelle du début du XXème siècle, laquelle opposa deux bandes d'apaches, pour les beaux yeux d'une gigolette surnommée « Casque d'Or » - interprétée dans le film par Simone Signoret. En 1992, une forte mobilisation contre un projet de « réhabilitation » du quartier permit de préserver le site.

Chine (rue de la)

Né le 2 avril 1928, c'est là - au **n° 35** - que le petit Lucien/Serge Ginzburg/Gainsbourg fit ses premiers pas - jusqu'en 1932, date à laquelle sa famille déménagea dans le 9ème arrondissement. Le « Beau Serge », futur compagnon de la *top*

275

model eurasienne et (éphémère) chanteuse Bambou, passa donc son enfance ici - dans ce modeste immeuble de la rue de la... Chine.

Dénoyez (rue)

A deux pas de la station Belleville, le *spot* incontournable de Paris pour contempler des graffitis reste la rue Dénoyez... Connue pour ses ateliers d'artistes et pour la profusion de ses peintures murales, cette petite artère devrait pourtant, dans un avenir proche, laisser place à des logements sociaux et à une crèche (malgré une pétition signée par plus de 11 000 personnes). Quoi qu'il en soit, on devrait pouvoir encore y admirer des œuvres puisque les graffeurs seront autorisés à intervenir sur les murs côté impair (même si la proximité de la crèche et les solvants des bombes ne sont pas très compatibles...). A suivre...

Duée (passage de la)

C'était la voie la plus étroite de Paris : 65 cm ! Et strictement piétonnière, par la force des choses... Jusqu'à ce que, dans les années 2000, des travaux de restructuration en modifient profondément le tracé. Le passage de la Duée, ancienne ruelle Mazagran, fut longtemps en concurrence pour le titre de voie la plus exiguë de la ville - avec le sentier des Merisiers (12ème arrondissement), la rue du Chat-qui-Pêche et l'impasse Salembrière (dans le 5ème) ou encore le passage du Plateau (19ème). Aujourd'hui, la venelle a beaucoup changé. Un massacre : sa largeur est maintenant de plusieurs mètres et, en son centre, on a supprimé l'emblématique escalier... De quoi virer passéiste.

Edith-Piaf (place)

Le nouvel aménagement de la place Édith-Piaf - avec statue de la chanteuse - fut inauguré le 11 octobre 2003, à l'occasion du 40ème anniversaire de la disparition de l'artiste. De son vrai nom Giovanna Gassion, la *Môme Piaf* grandit en effet dans le tout proche quartier de Ménilmontant ; elle serait même née - paraît-il - sur les marches du 72 rue de Belleville. (Légende... Il ne faut pas croire la plaque apposée là-bas, la chanteuse est tout simplement née à l'hôpital public - l'hôpital Tenon tout proche en l'occurrence.)

Gasnier-Guy (rue)

Cette rue du 20ème arrondissement est unique en son genre : plus de 17% de pente - record battu, juste devant la rue Tourlaque dans le 18ème. Elle commence au 28 rue des Partants et se termine à hauteur du 46 rue Sorbier. D'une longueur de 106 mètres, elle a été magnifiée dans le *Paris* de Cédric Klapisch. Le personnage principal (joué par Romain Duris) y a son appartement et cela nous vaut des vues rapprochées étonnantes, sur l'artère qui se trouve dans la ligne de fuite du balcon. Dans de nombreux autres films, c'est surtout son formidable dos d'âne qui a été « utilisé », pour les scènes de poursuites en voiture.

Groupe-Manouchian (rue du)

Le nom de cette voie rend hommage aux vingt-trois résistants *FTP-MOI* du réseau *Manouchian* fusillés par les Allemands en 1944. À l'occasion de l'inauguration officielle de la rue et de la pose d'une plaque commémorative (**n° 41**), Aragon écrivit un poème, librement inspiré de la dernière lettre de Missak Manouchian à son épouse. Ce poème a été mis en musique en 1959 par Léo Ferré sous le titre *L'Affiche rouge* et publié dans *Léo Ferré chante Aragon*, en 1961.
(Ne pas manquer aussi un autre hommage à Manouchian et à son groupe de résistants : la fresque géante réalisée par le *street artist* Popof sur un immeuble du 20ème arrondissement, à l'angle des rues Surmelin et Darcy.)

Haxo (rue)

La caserne des pompiers de la rue Haxo (**n° 55**) accueille un étonnant trompe-l'oeil grandeur nature de l'artiste peintre (et sculpteur) Philippe Rebuffet. La grande échelle des soldats du feu est comme dressée dans la rue, les pompiers sauvant un petit chat perché… sur le Pont des Soupirs de Venise ! L'auteur a allié avec bonheur deux techniques : celle de la mosaïque et celle de la fresque.

Derrière l'église, au **n° 81**, se trouvent les vestiges d'un mur (la *Villa des Otages*). C'est ici que furent fusillées 51 personnes (36 gendarmes, 11 prêtres et 4 civils, tous affiliés au camp versaillais), pendant les derniers jours de la Commune de Paris. Une dalle commémore le souvenir de tous les morts de ces évènements (en comparant le nombre côté versaillais et celui coté communards, on « comprendra » mieux le triste fait susmentionné…). La rue Haxo fut en tout cas l'un des tout derniers bastions des révoltés de la *Semaine Sanglante,* et a longtemps été considérée comme celle de la dernière barricade de la Commune (à tort, voir rue de la Fontaine-au-Roi dans le 11ème arrondissement).

Ménilmontant (boulevard de)

Tombes baroques, mausolées à l'antique, chapelles gothiques… Caveaux haussmanniens, gisants, pleureuses et autres sculptures étonnantes : bienvenue au cimetière du Père-Lachaise, le plus grand musée à ciel ouvert de Paris (45 hectares, tout de même…). Entrée principale au **18**, boulevard de Ménilmontant - ou autre accès : par le 16, rue du… Repos.

Mortier (boulevard)

Situé près de la Porte de Bagnolet, entre le boulevard Mortier, la rue du Capitaine-Ferber et la rue Géo-Chavez, ce petit îlot bucolique est constitué d'une centaine de maisonnettes, d'un ou deux étages maximum. Il fut fondé en 1907 par une coopérative, et était destiné à permettre l'accès pavillonnaire aux personnes à revenus modestes. Les prix ont bien changé depuis - mais c'est encore la campagne à Paris...

40 mètres de haut, 15 de large... Un jeu de calligraphies sur fond bleu turquoise s'étale sur 600 m² - la superficie d'un terrain de hand-ball – au **103-123**. La fresque, une des plus grandes et spectaculaires de Paris, a été réalisée par Tarek Benaoum. Elle reprend la technique fétiche de ce *street artist* : dissimuler au milieu de motifs géométriques un texte « indéchiffrable », fait d'une calligraphie hybride mêlant caractères latins et orientaux. Vue du périphérique, effet garanti ! (Dans le même style, le boulevard Vincent-Auriol - 13ème arrondissement - est aussi un *must* en matière de fresques murales gigantesques.)

Porte-de-Vincennes (avenue de la)

Le 9 janvier 2015 - en tout début d'après-midi - Amedy Coulibaly pénètre dans l'*Hyper Cacher* du **n° 23**. Armé d'une *kalachnikov* et d'un pistolet mitrailleur, le terroriste tue quatre personnes et prend le reste des clients en otage. La veille, dans les rues de Montrouge, il avait déjà assassiné Clarissa Jean-Philippe, une jeune policière municipale de 25 ans. Amedy Coulibaly a été condamné à plusieurs reprises pour vols aggravés, trafic de stupéfiants, recels et braquage, avant de se radicaliser en détention. Il avait alors croisé la route de Chérif Kouachi, l'un des terroristes de l'attaque contre *Charlie Hebdo* deux jours plus tôt. Dans l'*Hyper Cacher* de l'Est parisien, quatre heures vont s'écouler avant que les policiers ne puissent intervenir.

Pyrénées (rue des)

Une façade du bureau de poste du **250** rue des Pyrénées est entièrement occupée par deux fresques colossales du sculpteur franco-russe Ossip Zadkine (1890-1967). Créées en 1937 et hautes de 4 mètres, il s'agit dune commande initialement installée au ministère des Postes et transférée ici en 1988. On se sent tout petit en venant acheter un misérable timbre de 80 centimes...

Ramponeau (rue)

Au **n° 21**, *La Forge de Belleville* est une association qui milite pour la promotion de l'art. Depuis près de vingt ans, les artistes ont repris cette friche industrielle pour créer des ateliers et accueillir des plasticiens, des peintres et des sculpteurs, travaillant tous à partir de matériaux de récupération. Les murs adjacents à l'esplanade devant les bâtiments ont été décorés d'une fresque géante où graffeurs, mais aussi peintres de formation classique, se sont défoulés... Résultat garanti en matière d'art brut.

Saint-Blaise (rue)

Si l'église Saint-Germain est sacrée pour les habitants du quartier de Charonne, elle est aussi devenue un endroit mythique pour les cinéphiles et autres « tontonmaniaques »... Car celle-ci fut « utilisée » dans le classique de Georges Lautner, *Les Tontons Flingueurs* (1963). C'est en effet ici que Claude Rich (alias Mr. Antoine) prend pour épouse Mlle Patricia, la nièce de Lino Ventura. Le choix de la place Saint-Blaise et de son église (au **n° 4**) n'est certainement pas dû au hasard. On l'aperçoit déjà au loin dans *Le Cave se rebiffe*. Et puis, signe du destin, l'acteur Pierre Blanchar, partenaire de Bernard Blier et Paul Meurisse dans *Le Monocle noir (*du couple Lautner-Audiard) sera enterré dans le cimetière de la paroisse - quelques jours avant la sortie... des *Tontons Flingueurs* !

(Maurice Bardèche, Paul Marion et Robert Brasillach sont aussi inhumés ici. Aucun rapport avec le film, mais c'est tout de même à noter puisque - coïncidence troublante - ils trempèrent tous dans la Collaboration...).

Mais revenons aux « Tontons » : pour les fans *hardcore*, à signaler deux petits restaurants parisiens : *Les Tontons,* 73 rue Brancion dans le 15ème arrondissement et *Les Tontons Flingueurs*, 23 rue du Sahel dans le 12ème. Déco à l'avenant et bonne bouff' dans les deux cas, foi de tonton !

Samuel de Champlain (square)

Quand on se promène à Ménilmontant, il faut venir se relaxer quelques instants dans le jardin Samuel de Champlain, qui jouxte le cimetière du Père-Lachaise. C'est au cœur de ce square que se trouve un monument inattendu : celui des *Victimes des Révolutions*. Oeuvre du sculpteur Paul Moreau-Vauthier (1909), on y perçoit de nombreux visages, fantomatiques apparitions moulées dans la paroi. Sorte de bas-relief fait à partir des pierres d'origine du *Mur des Fédérés* (on y voit encore les traces des impacts de balles), en bas à gauche est gravée l'inscription suivante - de Victor Hugo : « Ce que nous demandons à l'avenir, ce que nous voulons de lui, c'est la justice, pas la vengeance ! ».

Télégraphe (rue du)

C'est ici, au **n° 40**, que la rue du Télégraphe atteint l'un des plus hauts points de la capitale : très exactement 128,508 mètres (tout juste devancé par les 131 mètres du cimetière du Calvaire à Montmartre). C'est précisément aussi à cet endroit que se dressait le mât de la fameuse invention de Chappe, laquelle a donné son nom à la rue, et qui fut utilisée pour correspondre avec les armées du Nord, en juillet 1793. Les rues adjacentes (Piat, des Envierges, du Transvaal) offrent des vues pittoresques et surprenantes à la fois. Elles servirent de décor au *Jules et Jim* de François Truffaut.

Le Paris de Charles Baudelaire

Le poète maudit - auteur du *Voyage* - fut lui-même... un bien piètre voyageur ! Hormis un petit *trip* aux Îles Mascareignes (Maurice et la Réunion) dans sa jeunesse, quelques séjours à Lyon, à Dijon, à Bordeaux et à Honfleur (chez sa mère), c'est à peu près tout. Qui sait, peut-être ses ailes de géant l'empêchaient-elles de partir plus loin... Ceci dit à Paris, on dénombre tout de même une quarantaine d'adresses, de 1821 à 1867. Le pauvre Charles aurait pu en fait écrire un *Guide du Routard* de la capitale... même si on sent plus l'errance que le goût de la variété et du changement (tout le temps endetté, il était en effet constamment pressé de fuir ses créanciers). En tout cas, avec Hugo et Nerval, il est certainement l'homme de lettres qui aura habité le plus d'endroits différents à Paris. C'est parti !

- *13, rue Hautefeuille*, où il naît le 9 avril 1821. La maison fut détruite lors du percement du boulevard Saint-Germain. Une plaque rappelle son emplacement, au niveau de l'actuel n° 17 (l'immeuble lui-même n'est pas numéroté) ;
- *50, rue Saint-André-des-Arts*, à partir de la mort de son père (1827) ;
- *11, rue du Débarcadère* (située à l'époque à Neuilly-sur-Seine) (1827-1828) ;
- *17, rue du Bac*, à partir du remariage de sa mère avec le colonel Aupick (1828) et jusqu'en 1832 ;

- *[Lyon (1832-1836). Baudelaire est logé d'abord à la pension Delorme, puis à l'internat du collège Royal ; pendant cette période, il réside également au 4-6, rue d'Auvergne. Une plaque, marquée d'un C et d'un B au balcon du deuxième étage, y a été apposée]* ;

- **32, rue de l'Université**, au retour à Paris (1836) ;

- **123, rue Saint-Jacques**, à l'internat du lycée Louis-le-Grand (mars 1836-avril 1839) ;

- **rue de la Culture-Ste-Catherine** (devenue **rue de Sévigné**) dans le Marais, domicile de ses parents après son renvoi du collège (printemps 1839). Baudelaire reprend ensuite ses cours comme externe au lycée Saint-Louis ;

- **22, rue du Vieux-Colombier**, chez son répétiteur M. Lassègue, jusqu'à son baccalauréat (août 1839) ;

- **rue de l'Estrapade**, à la pension *L'Évêque et Bailly* ;

- **rue du Pot-de-Fer-St.-Sulpice** (devenue **rue Bonaparte**), chez Mlle Théot ;

- **73, rue de Lille** ;

- **50, rue de Sévigné** ;

- *[Bordeaux, Île Maurice et Île Bourbon (actuelle île de La Réunion), lors de son hypothétique voyage dans les mers du Sud (9 juin 1841-début février 1842)]* ;

- **10 (devenu 22), quai de Béthune**, sur l'île Saint-Louis, au rez-de-chaussée à gauche de la porte d'entrée, avec fenêtre sur rue (mai-décembre 1842). Il y reçoit les visites de sa maîtresse Jeanne Duval, qu'il avait rencontrée au théâtre du Panthéon (bâtiment qui n'existe plus, remplacé par l'actuelle Sorbonne) ;

- **rue Vaneau**, au rez-de-chaussée (premier semestre de 1843) ;

- *15, quai d'Anjou*, sur l'île Saint-Louis (juin à septembre 1843) ;
- *17, quai d'Anjou*, à l'*Hôtel Pimodan* (ancien *Hôtel de Lauzun*), sur l'île Saint-Louis - où demeurait Théophile Gautier, lequel y créa son *Club des Hashishins*. Baudelaire occupe trois pièces au dernier étage sous les combles, côté cour (octobre 1843-1846). Lors de son aménagement, il loge quelques fois chez Jeanne Duval et la mère de celle-ci au *6, rue de la Femme-sans-Tête (devenue rue Le Regrattier)*, également sur l'île Saint-Louis ;
- puis une succession d'hôtels et de chambres garnies, souvent très brièvement, à partir de 1846. Au cours de 1846-1847, il réside alors successivement :
- *rue Corneille*, à l'hôtel du même nom ;
- *33, rue Coquenard (devenue rue Lamartine) ;*
- à l'hôtel de Dunkerque (*32, rue Laffitte*) ;
- *rue de Babylone* ;
- à l'*Hôtel Folkestone* (*rue Laffitte*) ;
- *24, rue de Provence* ;
- *7, rue de Tournon* ;
- *10 rue de Buci* ;
- Et ensuite : *18, avenue de la République* à Neuilly-sur-Seine (devenue **avenue de Neuilly**) (août 1848) ;
- *[Séjour à Dijon] ;*
- *95, avenue de la République* à Neuilly-sur-Seine (devenue **avenue de Neuilly**) (mai 1850-juillet 1851) ;
- *25, rue des Marais-du-Temple (devenue rue Yves-Toudic) ;*
- *128, rue de la Pompe*, dans une chambre qui appartenait à des amis du général Aupick, son beau-père ;
- *11, boulevard Bonne-Nouvelle* (de mai à juillet 1852) ;

- *60, rue Pigalle*, dans un hôtel situé non loin de chez son égérie, Mme Sabatier, qui habitait rue Frochot (octobre 1852-février 1854) ;
- *61, rue Sainte-Anne*, à l'*Hôtel d'York* (actuellement *Hôtel Baudelaire Opéra*) (février 1854) ;
- *57, rue de Seine*, à l'*Hôtel du Maroc* (mai 1854-février 1855) ;
- « Ballotté d'hôtel en hôtel » en mars 1855, où il déménage à six reprises (domiciles inconnus, principalement des gîtes de rencontre) ;
- Puis *13, rue Neuve-des-Bons-Enfants*, à l'*Hôtel de Normandie* (juin 1855) ;
- *27, rue de Seine* (juillet-août 1855) ;
- *18 rue d'Angoulême-du-Temple* (devenue *rue Jean-Pierre-Timbaud*) (janvier-juin 1856). C'est là qu'il emménage de nouveau avec Jeanne Duval, mais les choses ne s'arrangent pas (disputes parfois violentes) et il la quitte ;
- *19, quai Voltaire*, à l'*Hôtel Voltaire* (qui existe toujours) (juin 1856-novembre 1858). Baudelaire y achève *Les Fleurs du Mal*. L'hôtel se trouve à deux pas de l'imprimerie du *Moniteur Universel*, qui va publier en feuilleton un roman de Poe dans la traduction de Baudelaire - ce dernier dort souvent à l'imprimerie (**10, rue Jacques de Brosse**), après y avoir travaillé toute la journée ;
- *[Allers-retours entre le domicile de sa mère à Honfleur et le]* domicile de Jeanne à Paris, *22, rue Beautreillis* ; *[avec quelques séjours à Alençon pour rendre visite à son éditeur Poulet-Malassis] (novembre 1858-juin 1859) ;*
- *22, rue d'Amsterdam*, à l'*Hôtel de Dieppe* (1859-1864) ;
- *[28, rue de la Montagne à Bruxelles, lors d'un séjour en Belgique (1864-1866). Baudelaire loge principalement à l'Hôtel du Grand Miroir.]* Lors de ses rares retours à Paris, il loge à l'*Hôtel du*

Chemin de fer du Nord, **place du Nord**. Jeanne Duval habite à cette époque au **17, rue Sauffroy**, dans le quartier des Batignolles, où Charles a l'habitude de loger aussi *;*

- *1, rue du Dôme*, dans le quartier de Chaillot à la clinique du docteur Duval. Baudelaire, victime d'une congestion cérébrale, y entre en juillet 1866 et, devenu aphasique, y meurt le 31 août 1867 ;

- puis… cimetière du Montparnasse, *3 Bd Edgar-Quinet* (voir le très beau gisant de José de Charmoy, datant de 1902).

« Crénom ! », l'Albatros Baudelaire s'était enfin envolé…

Le Paris du Comte de Lautréamont

Oyez, oyez, cher lecteur, l'œuvre flamboyante et solitaire d'un poète de 23 ans - Isidore Ducasse. Sous le nom de Comte de Lautréamont, il nous laisse à jamais un livre qui brûle les doigts et enflamme le reste, *Les Chants de Maldoror*.

Frère de Rimbaud en audace et en liberté (après tout, huit années seulement les séparent), Ducasse/Lautréamont invente, pour notre délice et notre effroi, la figure de Maldoror, héros, narrateur et sujet à la fois, et fascinante incarnation du Mal. Il élabore pour l'occasion une langue étincelante et ironique et raconte, avec sérieux et humour, la trajectoire incandescente d'un adolescent blond et anglais de « seize ans et quatre mois » dans le Paris de 1869. Ce récit initiatique - conte noir et balade nocturne, chronique devenue légende littéraire, chant d'amour et de haine –, cette épopée lyrique et ce journal intime - par moments (volontairement ?) abscons -; voudras/pourras-tu le suivre, cher lecteur ?

Et donc finalement, imprudent voyageur, tu viens de lire pour la première fois – ou de relire – les *Chants de Maldoror* ! Et là, le « canard du doute aux lèvres de vermouth » s'insinue dans ta mémoire... Quel est donc ce Paris glacé, luxuriant et sombre, œuvre d'une imagination déréglée et lucide à la fois ? Suis-moi donc...

C'est en 1867 que le jeune Isidore Ducasse vient habiter à Paris. Il s'installe tout d'abord dans une chambre d'hôtel, au **n° 23** *de la* **rue Notre-Dame-des-Victoires**, entre la Bourse et la rue Montmartre. Qui est donc ce jeune homme inconnu ? Est-ce un instable ou un artiste au projet bien précis ? En 1869, il loge un peu plus loin, *32* **rue du Faubourg-Montmartre**, en face du **passage Verdeau** où la librairie Gabriel publiera, l'an prochain, peu de temps avant sa mort, ses *Poésies*. En attendant, l'étrange jeune homme écrit beaucoup. Les dernières années qu'il lui reste à vivre, et partant son œuvre, vont se limiter à ce quartier de Paris.

Isidore Ducasse se fait appeler maintenant le Comte de Lautréamont, du titre d'un livre d'Eugène Sue qui l'a frappé. Il réside, l'année de sa mort (1870), au **n° 15** de la **rue Vivienne**. A-t-il déjà fréquenté cette adresse ? On peut le supposer, car il y faisait déjà allusion dans le sixième de ses *Chants* (1869).

« Les magasins de la rue Vivienne étalent leurs richesses aux yeux émerveillés. Eclairés par de nombreux becs de gaz, les coffrets d'acajou et les montres en or répandent à travers les vitrines des gerbes de lumière éblouissante. Huit heures ont sonné à l'horloge de la Bourse (…). Si vous regardez du côté par où la **rue Colbert** s'engage dans la rue Vivienne, vous verrez, à l'angle formé par ces deux voies, un personnage montrer sa silhouette et diriger sa marche légère vers les boulevards (…). Arrivé sur la grande artère, il tourne à droite *(passe près de la librairie de l'éditeur A. Lacroix,* **15, boulevard Montmartre**, *celui qui a publié les six* Chants de Maldoror *) et traverse le **boulevard Poissonnière** et le **boulevard Bonne-Nouvelle**. A ce point de son chemin, il s'avance dans la **rue**

du Faubourg-Saint-Denis, laisse derrière lui l'embarcadère du chemin de fer de Strasbourg *(la gare de l'Est *)*, et s'arrête devant un portail élevé, avant d'avoir atteint la superposition perpendiculaire de la **rue La Fayette** (*et de la rue d'Alsace **). »

Mais, lecteur, si tu retrouves ce portail, tu n'en es pas pour autant au bout de tes peines. Regarde : « Cet enfant, qui est assis sur un banc du jardin des Tuileries (**113 rue de Rivoli**), comme il est gentil... » Maldoror le laissera-t-il en paix ? Non, hélas, et le *Chant II* t'apprendra que « l'enfant en sera quitte pour garder le lit trois jours »...

Le *Chant VI* ne t'éloignera pas trop. « Sur un banc du Palais-Royal (**2-8 rue de Montpensier**), du côté gauche et non loin de la pièce d'eau, un individu, débouchant de la rue de Rivoli, est venu s'asseoir (...). Vers l'entrée mitoyenne du nord, à côté de la rotonde qui contient une salle de café *(de nos jours disparu *)*, le bras de notre héros est appuyé contre la grille. *(C'est tout près d'ici, aux n° 18 de la rue de Valois et au 7 rue Baillif, rue disparue depuis l'agrandissement de la Banque de France - 31 rue Croix-des-Petits-Champs - que l'imprimerie Balitout, Questroy et Cie avait publié le premier des* Chants *de* Maldoror *en 1868 *).* Il s'est avancé vers le fou (...). Les deux s'en vont chez un tailleur de la fashion et le protégé est habillé comme un prince. Ils frappent chez le concierge d'une grande maison de la **rue Saint-Honoré**, et le fou est installé dans un riche appartement du troisième étage. »

Il nous faut maintenant retourner au domicile de Mervyn, l'adolescent blond. L'itinéraire du *Chant VI* va-t-il nous y mener ?

« A l'heure indiquée, Mervyn, de la porte de sa maison, est allé droit devant lui, en suivant le **boulevard Sébastopol**, jusqu'à la fontaine St-Michel (*place Saint-Michel*). Il prend le **quai des Grands-Augustins** et traverse celui **de Conti** ; au moment où il passe sur le **quai Malaquais** *(il n'est pas loin alors du domicile du banquier Darasse,* **5 rue de Lille***, qui fait parvenir régulièrement à Isidore Ducasse une pension versée par son père, de Montevideo *)*, il voit marcher sur le **quai du Louvre**, parallèlement à sa propre direction, un individu porteur d'un sac sous le bras. »

Tu te souviens sans doute, lecteur attentif, que Maldoror (car c'est lui) ne peut venir que du n° 15 de la rue Vivienne. Tu sais donc où cette aventure va mener Mervyn, comme un chien galeux. En attendant, « les deux passants débouchent en même temps de chaque côté du **pont du Carrousel** ».

Frémis, lecteur, car te voici témoin de « l'incroyable évènement » que conte le dernier *Chant*. « Aghone et Mervyn sont arrivés dans l'enceinte circulaire de la **place Vendôme** ». Ils ne sont pas seuls, car « Le rhinocéros (…) apparut haletant, au coin de la **rue Castiglione** »…

C'est alors qu'a lieu l'évènement. Nos doigts tremblants se refusent à l'écrire à nouveau. Sache seulement que :

« Dans le parcours de sa parabole, le condamné
à mort fend
l'atmosphère, jusqu'à la rive gauche, la
dépasse en vertu de la force d'impulsion que
je suppose infinie,
et son corps va frapper le dôme du Panthéon,
tandis que la corde

étreint, en partie, de ses replis, la paroi supérieure de l'immense coupole. C'est sur sa superficie sphérique et convexe, qui ne ressemble à une orange que pour la forme, qu'on voit, à toute heure du jour, un squelette desséché, resté suspendu. Quand le vent le balance, l'on raconte que les étudiants du quartier Latin, dans la crainte d'un pareil sort, font une courte prière : ce sont des bruits insignifiants auxquels on n'est point tenu de croire, et propres seulement à faire peur aux petits enfants. Il tient entre ses mains crispées, comme un grand ruban de vieilles fleurs jaunes. Il faut tenir compte de la distance, et nul ne peut affirmer, malgré l'attestation de sa bonne vue, que ce soient là, réellement, ces immortelles dont je vous ai parlé, et qu'une lutte inégale, engagée près du nouvel Opéra, vit détacher d'un piédestal grandiose. Il n'en est pas moins vrai que les draperies en forme de croissant de lune n'y reçoivent plus l'expression de leur symétrie définitive dans le nombre quaternaire : allez-y voir vous-même, si vous ne voulez pas me croire ! »

Et le 24 novembre 1870, Isidore Ducasse - sa mission accomplie - meurt subitement dans un hôtel, au n° **7** de la **rue du Faubourg-Montmartre**.

* Note de l'auteur

<u>Le Paris de James D. Morrison</u>

La présence de Jim Morrison - figure emblématique de la scène rock des années soixante - à Paris s'explique par son amour des poètes symbolistes français du XIXème siècle (Baudelaire et Rimbaud en tête), par l'aura de la Ville Lumière (qui l'a toujours fasciné) et, *last but not least*, par son idylle avec son amie Pamela Courson. Au printemps 1971, le dorénavant ex-chanteur des *Doors*, en rupture de ban avec la musique et menacé d'un procès aux Etats-Unis (pour scandales à répétition) décide de rejoindre sa *girlfriend* et de venir se reposer dans la capitale...

Flashforward : tout fan de Morrison qui se respecte doit commencer son périple parisien par la visite du cimetière du Père-Lachaise, où se trouve la tombe du poète-chanteur (**8 boulevard de Ménilmontant**). Jim lui-même visita l'endroit, une semaine avant sa mort. Impressionné par la nécropole et son atmosphère unique, il émit le désir d'y être enterré ; mi-sérieux, mi-plaisantant et sans savoir combien son souhait se révèlerait prophétique... et rapide.

Si on veut un peu d'intimité et éviter la foule, il faut arriver tôt. A partir de 10h, un constant flot de visiteurs arrive, avec guide accompagnateur parfois. La tombe de Jim étant le quatrième monument le plus visité de Paris - après la Tour Eiffel, Notre-Dame et le centre Pompidou -, pour le silence et la quiétude, on repassera. Arrivez tôt donc. Autres petits conseils : éviter 1) de se laisser enfermer dans le cimetière et 2) les conduites trop *borderline*... Deux caméras filment

24h/24 la sépulture (l'une serait cachée dans le faux lampadaire sur la droite !) et il vous en coûterait 1000 euros pour le moindre graffiti.

Le chanteur fut inhumé ici - le 7 juillet 1971 à 8h30 du matin -, quatre mètres sous terre et dans un cercueil des plus modestes, le plus simple que les pompes funèbres du coin avaient à proposer... Selon l'expression d'une certaine Mme Colinette Bouchard - qui était présente ce jour-là et qui plus tard témoignera dans une émission de télévision allemande (*Les jours tranquilles de Jim Morrison à Paris*) -, l'inhumation fut « misérable ». Pas de discours, pas de cérémonie, le tout fut expédié rapidement en moins de dix minutes. Seul Agnès Varda - la compagne du cinéaste Jacques Demy, elle-même réalisatrice de films -, qui assistait à l'enterrement, prit le temps de dire quelques mots... (A propos cette même Mme Bouchard décèdera à son tour bien plus tard - à l'âge respectable de 89 ans -, le 3 juillet 2011, soit 40 ans pile après Morrison... Et elle a aussi été enterrée, à Meximieux dans l'Ain, le 7 du même mois ! Troublant, non ?)

Pendant longtemps, toutes les stèles ou bustes posés sur la tombe furent tour à tour volés. Jusqu'à ce que la famille de Morrison érige une pierre tombale portant l'inscription - en grec ancien - "KATA TON DAIMONA EAYTOY" (« Il fut la cause de ses propres démons / tourments »)... Ce qui révèle tout autant un reproche qu'un hommage (les rapports du chanteur avec son père - un militaire de haut rang de la marine américaine - furent rien moins que conflictuels, ceci expliquant peut-être cela...). Voilà pour la tombe de Jim au Père-Lachaise.

La première fois que Morrison visita Paris, c'était en août 1970, un peu moins d'un an avant son décès. Il était venu avec le manager-agent des *Doors*, Leon Barnard, et un de ses amis. Ils avaient alors résidé près des Champs-Elysées, au **31 de l'avenue George V**, à l'hôtel du même nom. Pendant ce séjour, ils menèrent la vie de simples touristes, visitant entre autres le tombeau de Napoléon aux Invalides (**129 rue de Grenelle**), les Catacombes (**1 avenue du colonel Henri Rol-Tanguy**) et la Butte Montmartre. Jim écrivit même quelques notes et lignes de poésie, pendant une halte sur les marches du Sacré-Cœur... Au bout de trois jours, il tomba par hasard sur Alain Ronay, une de ses vieilles connaissances d'études à l'université. Les deux amis décidèrent alors de partir pour un petit périple à travers l'Espagne et le Maroc. De retour à Paris, Morrison délaissa le luxueux hôtel *George V* et s'installa pendant une semaine dans un modeste établissement, au **214 rue St-Jacques** (5ème arrondissement) - juste avant de repartir pour Los Angeles. L'hôtel existe toujours, aussi *cheap* qu'il l'était à l'époque.

Il revint pour la deuxième fois à Paris, le 11 mars 1971, sa compagne Pamela Courson l'ayant précédé sur place depuis un mois et s'étant elle aussi installée au *George V*. Jim la rejoignit un temps dans cet établissement - qu'il décrivait lui-même comme « un décor de bordel à carpette et peluche rouges » - et finalement élut domicile au **17 rue Beautreillis**, dans le Marais. L'appartement était loué par une mannequin française, Elisabeth « Zozo » Larivière, et son *boyfriend*, un producteur de télévision américain. Jim et Pam payèrent 3000 francs par mois et partagèrent une des trois chambres de l'appartement, jusqu'à ce qu'Elisabeth et son ami partent (10 avril) et leur laissent la jouissance totale des lieux.

Jim adorait cet appartement du Marais, ainsi que le vieux quartier juif à proximité. Il appréciait tout particulièrement la rue St-Antoine, ses commerces avec leurs étals regorgeant de fruits, légumes et autres produits... Son fromage, il l'achetait au coin de la rue (**43 rue St-Antoine**) et son vin au **n° 25 rue Beautreillis** - sa préférence allant au Bordeaux blanc. L'adresse est devenue un restaurant mais porte toujours le nom de la boutique d'origine (*Vins des Pyrénées*).

Juste en face de l'appartement se trouvait, au **n° 18** de la même rue, un restaurant : *Le Beautreillis*. Jusqu'au début des années 90, il était tenu par un couple qui avait de nombreuses anecdotes à raconter sur Jim, l'ayant un peu fréquenté vingt ans auparavant. Puis ce fut Vieran, un homme originaire de l'ex-Yougoslavie, qui reprit l'établissement. Les fans apparaissant de plus en plus dans le coin, Vieran changea totalement le style de son établissement, recouvrant les murs de photos de Jim, de stickers et autres *memorabilia* de l'appartement d'en face (des morceaux du carrelage de la salle de bains atterrirent même ici, on ne sait comment !). Le restaurant servait de la cuisine traditionnelle des Balkans mais était entièrement dédié à Jim, avec livre d'or à l'entrée... Malheureusement, il changea de propriétaire en 1996 et fut, en novembre 1998, revendu à un cabinet d'avocats.

A l'époque, Morrison venait souvent dans cet établissement. Comme ce soir du 1er juillet 1971 où lui et Pamela furent vus en train de dîner et où, du fait de l'affluence, deux étudiants allemands étaient assis à la même table qu'eux. Pendant tout le repas, lesdits étudiants n'eurent aucune idée de qui étaient leurs voisins... jusqu'à ce que les deux amoureux commencent à se disputer et que Pamela se mette à crier le nom de Morrison. Jim quitta alors rapidement les lieux et, selon les deux étudiants médusés, sa compagne paya l'addition et sortit à son tour, lui hurlant dessus et le suivant jusqu'à l'immeuble, de l'autre côté de la rue... Un des deux étudiants a gardé en souvenir la bouteille de vin que le couple but ce soir-là !

Quittons la rue Beautreillis, traversons la populeuse rue St-Antoine et empruntons la rue de Birague, jusqu'à la **place des Vosges**. C'est ici que notre poète exilé aimait se détendre, buvant une bière dans un de ses bars favoris (*Ma Bourgogne* au *n° 19* - au coin de la rue des Francs-Bourgeois - était son préféré)... Beaucoup de ses poèmes de *Wilderness* (son dernier recueil) furent composés ici sur cette place, havre de paix au cœur de la ville. Prochaine étape : quai d'Anjou, sur l'île St-Louis. Repassons par la rue Beautreillis, filons par la rue des Lions-St-Paul, jusqu'au boulevard Henri IV. Tournons à droite et traversons le Pont de Sully. De l'autre côté du fleuve, au **17 quai d'Anjou**, se trouve l'*Hôtel de Lauzun* (ex-*Hôtel Pimodan*). Jim le visita, séduit par son architecture et son histoire. C'était en effet l'endroit où Baudelaire (un de ses poètes favoris) et ses amis (Théophile Gautier, Nerval, les peintres Delacroix et Daumier, Flaubert, Alexandre Dumas...) se retrouvaient - au célèbre *Club des Hashishins*. Jim ne parlant pas du tout le français, il fréquentait aussi régulièrement la librairie *Shakespeare and Co* (**37 rue de la Bûcherie**), dans le 5ème arrondissement tout proche. Grand lecteur, il pouvait trouver là toutes sortes de livres en langue anglaise, la boutique étant le centre de ralliement des anglophones de la capitale.

Les 4ème, 5ème et 6ème arrondissements sont le coeur historique du Paris Rive gauche. Morrison aimait l'ambiance du Quartier Latin, cette enclave anticonformiste, avec ses étudiants et ses fêtards de l'après-mai 68. Le *Café de Flore*, au **172 boulevard St-Germain**, était un des préférés de sa compagne. C'est ici que Jim donna sa dernière interview - le 27 juin 1971 - avec la journaliste Tere Tereba, une amie américaine de Pamela. L'interview se termina de l'autre côté de la Seine…. à *La Coupole* (**102 boulevard du Montparnasse**), Jim confiant à la journaliste qu'il espérait projeter ses films *Feast of Friends, Highway* et *Doors are Open* ici, à Paris.

Il (avec ou sans Pamela) passa de longues heures à Saint-Germain-des-Prés, séduit par l'ambiance historico-culturel du lieu - le creuset des existentialistes de l'après-guerre. Juste à côté du *Café de Flore* on trouve - au **6 place St-Germain-des-Prés**) - *Les Deux Magots*, au superbe style Art déco que Morrison admirait. C'est l'autre café emblématique du boulevard - haut lieu du microcosme artistique depuis le début du XXème siècle - et à cette époque fréquenté lui aussi très souvent par le couple. En face, de l'autre côté de l'artère, on trouve de nos jours le *Manoir St-Germain*, un luxueux établissement 4 étoiles. En juillet 71, c'était juste un petit bar appelé *l'Astroquet* - un troquet astral en quelque sorte - sis au **153 boulevard St-Germain**. C'est là que, le soir même de sa mort, Jim rencontra le chanteur américain Phil Trainer - rencontre qui fut suivie d'une *jam* musicale avec les membres du groupe de Trainer, *Clinic*. Phil se rappelle avoir chanté *Crawling King Snake* et tout un tas de *blues* avec Jim. Il se souvient aussi de la toux continuelle du chanteur, qui fumait à la chaîne… *L'Astroquet* se trouvait à l'endroit même du hall de réception de l'hôtel actuel.

Courant mai, Zozo Larivière étant revenue pour quelques jours, Jim et Pam durent laisser l'appartement de la rue Beautreillis. Ils choisirent alors de résider à *L'Hôtel* (**13 rue des Beaux-Arts**), célèbre établissement qui avait accueilli par le passé Oscar Wilde et d'autres artistes renommés (Jean Cocteau, Salvador Dali, Jorge Luis Borgès…). Morrison tint à prendre précisément la chambre du 2ème étage, celle où l'écrivain irlandais décéda dans la misère la plus totale, le 30 novembre 1900. Tout près, au **4 bis rue des Beaux-Arts**, un autre petit établissement accueillit le couple, ce même mois de mai. Deborah, une femme américaine présente sur les lieux, se rappelle de cet américain, assis dans le salon de l'hôtel et regardant tranquillement un documentaire à la télé (sur le tremblement de terre survenu récemment à Los Angeles). Elle se souvient aussi de lui, mentionnant la présence de sa compagne Pamela, « en haut, dans la chambre »… (De nos jours, l'adresse est occupée par la *Galerie Patrice Trigano*.) A nouveau, cette même Deborah rencontra Jim quelques semaines plus tard, cette fois-ci attablé à la terrasse de *La Palette*, **43 rue de Seine**, un bar qui aujourd'hui existe encore. Ils eurent une agréable conversation et Jim confia que lui et Pamela étaient maintenant retournés vivre dans l'appartement de la rue Beautreillis.

Continuons sur la **rue de Seine**. Au **n° 57** se trouvait le *Whisky A Gogo,* qui à l'époque se nommait le *Rock'n'Roll Circus*. C'était un club-discothèque qui faisait aussi office de restaurant… et un lieu festif - plaque tournante du trafic d'héroïne dans Paris. C'est ici que le 7 mai,

Gilles Yéprémian, un jeune étudiant français, rencontra Jim. Ce dernier, qui était fin saoul, faisait un scandale dans le couloir d'entrée de la boîte, apostrophant et beuglant sur les clients qui allaient et venaient. Gilles crut reconnaître le chanteur des *Doors* (au contraire des vigiles de la discothèque qui eux lui refusaient l'entrée !) ; il décida alors de le « prendre en charge » et héla un taxi. Après un arrêt sur le pont de la Concorde et une altercation avec des gardiens de la paix, Yéprémian affolé prit un deuxième taxi et emmena sa « découverte » jusqu'au domicile de son ami Hervé Muller. Au **6 place Tristan Bernard**, dans le quartier des Ternes, Hervé (un journaliste qui écrira plus tard un très beau *Jim Morrison au-delà des Doors*) et sa compagne acceptèrent d'héberger le chanteur pour la nuit. Ce dernier revint souvent à cette adresse par la suite, ayant sympathisé avec son hôte d'un soir et son ami, le musicien et peintre Henri-Jean Hénu. Ils se retrouvaient la plupart du temps dans le bar-restaurant du **57 avenue des Ternes**. Lequel bar-restaurant est maintenant devenu - musique oblige ? - un magasin *hi-fi*... Ou alors au *Bar Alexandre*, le bar de l'hôtel George V (**53 avenue George V**). Là, le chanteur était toujours bien accueilli, quelque soit l'état d'ébriété dans lequel il se trouvait - Il faut dire que Morrison était toujours très généreux avec les serveurs... (Le *Bar Alexandre* a lui aussi disparu, on y trouve maintenant une vulgaire banque.) Hervé Muller et Jim se rencontrèrent une dernière fois le 11 juin. Ils allèrent tous (Jim, Muller, sa compagne Yvonne Fuka et Alain Ronay) voir *Le Regard du Sourd*, une pièce de Bob Wilson qui se jouait au *Théâtre de la Musique* (**5 rue Papin**, une ruelle en retrait du boulevard Sébastopol).

Après deux semaines de tourisme (la Corse, l'Espagne, Chantilly, St-Leu d'Esserent...), Jim et son amie étaient de retour à Paris. Le 1er juillet, le désormais ex-chanteur des *Doors* était reconnu par un fan américain, dans un bar - encore ! - *Le Mazet,* sis **61 rue St-André-des-Arts**. Cette rencontre devait suivre l'épisode de la dispute dans le restaurant (dont furent témoins les deux étudiants allemands), car Morrison fut vu là, cette nuit du 1er au 2, installé dans la salle à 2h du matin et dégustant un croque-monsieur arrosé de vin blanc ! Ce qu'il fit le lendemain matin, veille de sa mort, personne ne peut le dire. On sait que lui et son ami Alain Ronay dînèrent dans un restaurant de la rue St-Antoine. Ce soir-là, Ronay se souvient de l'ambiance morose et de l'état déplorable du chanteur : sa face livide, sa consommation effrénée de cigarettes, ses quintes de toux et ses crises de hoquet... Ronay quitta son ami dans la soirée, ce dernier décidant alors d'aller voir un film (avec Pamela ? - on ne le sait), à l'*Action Lafayette*, une salle spécialisée dans le cinéma américain (**9 rue Buffault**). La salle qui aujourd'hui n'existe plus proposait ce soir *Pursued*, un western « psychologique » de Raoul Walsh avec Robert Mitchum. Ce fut donc le dernier film que Jim - grand fan de cinéma - vit.

Et ensuite ? Rentra-t-il rue Beautreillis, pour se coucher ou écrire encore un peu de poésie ? Pamela, grande consommatrice d'héroïne, lui proposa-t-elle un *fix* ? Morrison - ayant toujours eu une sainte horreur de cette drogue et des aiguilles en général -, en prit-il pensant qu'il s'agissait de cocaïne ? Son amie le laissa-t-elle inconscient dans la baignoire après s'être elle-même shootée ? Ou alors était-il seul dans l'appartement, toussant du sang pendant que Pamela passait la nuit avec quelqu'un d'autre ?

Bref, de quoi est mort le *Lizard King* et, surtout, où est-il mort ? Au *Rock'n'Roll Circus* (ce qu'atteste encore Sam Bernett - voir entrée *"**57 rue de Seine**"*), ou dans la baignoire de l'appartement du Marais, un sourire aux lèvres comme le prétendit Pamela ?...

Dieu seul - et ladite Pamela, partie elle-même trois ans plus tard - le savent !

The End.

Le Paris de
Gérard de Nerval

Arpenteur infatigable des rues de Paris, Nerval et la capitale, c'est l'histoire d'un rêve et d'une réalité indissociables. Impossible de répertorier tous les domiciles du poète, mais en voici tout de même quelques-uns :

Il est né au **96 rue Saint-Martin**, puis part pour Mortefontaine, dans l'Oise, où il passe son enfance. Revenu vivre avec son père au n° **72** de la même rue (1814), il est ensuite externe au lycée Charlemagne, **13 rue Charlemagne**, à partir de 1820. 1826 : séjour chez sa tante à Saint-Germain-en-Laye où il achève la traduction de *Faust*. De 1826 à 1828, il est apprenti dans une imprimerie et travaille chez un notaire... afin de plaire à son père, lequel s'inquiète pour l'avenir de son fils. 1830, il assiste à la première d'*Hernani*. 1831 : Gérard fait un premier séjour à Sainte-Pélagie (**14 rue du Puits-de-l'Ermite**), pour tapage nocturne. L'année suivante, il fait partie du "Petit Cénacle" de Jehan Duseigneur, d'abord au *Cabaret de la mère Saguet* (établissement qui n'existe plus mais qui était situé au niveau de l'actuelle **rue du Moulin-Vert**) - puis au *Petit Moulin Rouge*, **avenue de la Grande Armée**. Nouveau séjour à Sainte-Pélagie, au moment du complot de la rue des Prouvaires contre Louis-Philippe (1832). Deux ans plus tard il habite chez son ami Célestin Nanteuil (**15 rue de Vaugirard**) puis seul, au **6 rue du Paon**. Ayant fondé *Le Monde Dramatique* avec Alexandre Dumas, il demeure au début de l'année 1835 avec le peintre Camille Rogier au **5 rue des Beaux-Arts**, puis au **3 impasse du**

Doyenné, avec Arsène Houssaye et d'autres confrères de plume... En 1836, *Le Monde Dramatique* sombre, il va alors loger chez Théophile Gautier *rue Saint-Germain*, puis à la barrière de Passy (au niveau de l'actuelle *rue Beethoven*). En 1837, c'est le *91 rue Coquenard* (devenue depuis la *rue Lamartine*) qui l'accueille... avant un déménagement à la fin de l'année, au *23 rue Caumartin* - à l'hôtel du même nom. Après deux années de voyages, il revient à Paris et réside au *14 rue de Navarin*, dans la maison qu'occupe son ami Théophile Gautier - d'avril 1840 à janvier 1841 (puis dans un autre logement au *2* de la même rue).

1841 : première crise de folie, il est conduit chez Mme de Saint-Marcel (*6 rue de Picpus*) d'où il ressort pour presque aussitôt faire un séjour chez le docteur Esprit Blanche, *place du Château d'Eau* à Montmartre. Pour l'année 1842-1843, il semble qu'il soit resté au *10 rue Saint-Hyacinthe-Saint-Michel* (ancienne voie incorporée de nos jours à la *rue Croulebarbe*), mais rien n'est moins sûr puisque même ses biographes n'arrivent pas à se mettre d'accord... Il habite ensuite en 1844 *6 rue Pigalle*, puis au *2 rue des Rosiers*, à Montmartre. 1845, notre poète s'installe à nouveau chez Camille Rogier, à son domicile du *39 rue de la Victoire*. Ensuite, de 1846 à 1849, il va successivement trouver à se loger au *16 rue de Douai*, au *Château des Brouillards* (*13 allée des Brouillards*) et au *39 rue de La Rochefoucauld*. Puis - 1849 - il reçoit des soins et loge chez le docteur Ley, *45 allée des Veuves* (actuelle *avenue Matignon*), et chez le docteur Aussandon, *48 rue Notre-Dame-de-Lorette*. 1850 : c'est au *9 rue Montyon* qu'on le trouve (Curieuse coïncidence, cette adresse sera plus tard celle du cabinet du docteur Gachet

- auteur d'une thèse sur la mélancolie et futur médecin de Van Gogh....). A la fin de l'année, il demeure *20 rue de Lille*, puis *9 rue du Mail* et *4 rue Saint-Thomas-du-Louvre*, jusqu'à la fin décembre 1851.

A partir de 1852, c'est la période dite « délirante » : il s'installe d'abord au *66 rue des Martyrs*, puis à *l'Hôtel de Normandie rue du Chantre* (une rue près de la place de l'Oratoire, disparue lors du percement de la rue de Rivoli). A nouveau chez Théophile Gautier, *14 rue de Navarin*, puis au *24 rue Bréda* et ensuite à la maison de santé du docteur Dubois (*110 rue du Faubourg-Saint-Denis*, aujourd'hui n° 200). Hospitalisé « pour érysipèle », il est soigné jusqu'à ce que cette fin d'année 1852 le retrouve, encore une fois, au *9 rue du Mail*. 1853 : nouveau séjour pour "fièvre" à la *Maison Dubois* ; puis il trouve refuge *2 rue du Faubourg-Montmartre*. Il est ensuite conduit d'urgence à l'hospice de la Charité à Senlis puis de nouveau à Paris, à la nouvelle clinique du docteur Blanche (*16 avenue de Lamballe*). Sorti en mai, il y retourne en octobre. La dernière année (1854), il va la passer chez sa tante Mme Labrunie *54 rue Rambuteau*, puis à Saint-Germain-en-Laye.

Son dernier domicile connu est le *13 rue Neuve-des-Bons-Enfants,* qu'il alterne avec le domicile parisien de sa tante. Charles Asselineau, un poète de ses amis, est le dernier à le voir vivant, *rue du Bouloi*, au *Café de l'Epoque* - à l'angle du passage Véro-Dodat. C'est un Gérard désespéré de ne pouvoir achever son poème *Aurélia* qu'Asselineau rencontre. Quelques jours plus tard, le 28 janvier 1855, épuisé physiquement et moralement et angoissé à l'idée d'être à nouveau enfermé, il se donne la mort. Le poète est retrouvé pendu à une grille de la ***rue de la Vieille Lanterne*** - ruelle de nos jours disparue et qui se trouvait à l'emplacement de l'actuel *Théâtre de la Ville*, place du Châtelet.

Fin de parcours pour Gérard Labrunie, celui qui se faisait appeler Gérard de Nerval... « *Nerf-Val* », un nom-prémonition qui lui colla toute sa vie à la peau - subtile alliance de sa poésie et de sa folie.

Le Paris d'Arthur Rimbaud

Paris, le 31 août 1870 : c'est un Rimbaud fugueur de 15 ans qui arrive à la gare du Nord, par Saint-Quentin. Sans billet, il est arrêté et conduit à la prison de Mazas (aujourd'hui démolie, elle était située au **croisement du boulevard Diderot et de l'avenue Daumesnil**). C'est l'acte un de ses dérives parisiennes où seront mises à mal toutes les conventions sociales de l'époque... Après avoir été renvoyé chez sa mère à Charleville - et un hypothétique retour dans la capitale pendant les évènements de la Commune - c'est à la mi-septembre 1871 qu'il va revenir. Invité par un Verlaine subjugué par les poèmes que lui a envoyés l'adolescent prodige, il est hébergé à Montmartre - **14 rue Nicolet** - dans la maison de la belle-famille de Paul.

Au **10 rue Notre-Dame-de-Lorette**, dans l'atelier du photographe, Etienne Carjat fait son célèbre portrait de l'adolescent (voir page précédente). Le cliché aurait été pris en octobre ; il a depuis tellement été reproduit comme symbole de la poésie, de la jeunesse et de la rébellion qu'il a acquis un statut d'icône photographique. A cette période, Rimbaud et Verlaine ont l'habitude de fréquenter la brasserie du **7 place Pigalle**, *Le Rat Mort*. C'est là que -

prélude au drame de Bruxelles de juillet 1873 (Verlaine déchargeant son pistolet sur Rimbaud) - le jeune poète de Charleville blesse accidentellement son ami à la cuisse, d'un coup de couteau. L'absinthe devait sûrement y être déjà pour beaucoup...

Rue Nicolet, le *punk* des lettres françaises n'a pas vraiment fait la conquête de Mathilde, la femme de Paul : « C'était un grand et solide garçon à la figure rougeaude, un paysan. (...) Les cheveux hirsutes, une cravate en corde, une mise négligée. Les yeux étaient bleus, assez beaux, mais ils avaient une expression sournoise que, dans notre indulgence, nous prîmes pour de la timidité ». Rimbaud va donc se réfugier dans une mansarde de la **rue Campagne-Première**, à l'angle de la rue d'Enfer, une voie qui sera démolie en 1902 au moment du percement du boulevard Raspail. Il y partage en novembre un logement avec le dessinateur Jean-Louis Forain (« J'ai logé, raconta-t-il, deux mois chez lui dans un taudis épouvantable ; ça lui convenait, ça lui plaisait, il était si sale. Nous n'avions qu'un lit, lui couchait sur les ressorts et moi par terre sur le matelas »). Dans la journée, Arthur a souvent ses habitudes à la *Librairie Artistique* (l'éditeur de son ami Paul Demeny), au **18 rue Bonaparte**.

Un peu plus tard en cette fin d'année 1871, Théodore de Banville accepte à son tour de loger Rimbaud, dans une chambre sur cour au dessus de son appartement du **10 rue de Buci**... Jusqu'à ce qu'un jour, après s'être montré nu à la fenêtre et avoir jeté ses vêtements par-dessus les toits, il soit sommé de faire ses valises... Il faut dire que Banville s'était permis, dit-on, de conseiller au jeune homme de changer le premier vers du *Bateau Ivre*. « Vieux con », aurait alors lancé notre poète en herbe... Entre lui, précurseur des symbolistes qui amèneront le vers libre, et le respectable Banville, parnassien et défenseur acharné de la rime, il existait en effet un abîme.

Charles Cros, pris de pitié et ébloui par le talent du jeune homme, le recueille alors - pour une période de deux mois - dans son atelier du *13 rue Séguier*. Cros le loge, le nourrit et organise pour lui une collecte auprès de ses amis, afin d'assurer au « nourrisson des muses » une petite rente. En remerciement, le jeune Arthur de Charleville déchire des poèmes de son hôte... et se torche avec un numéro de *L'Artiste* - dans lequel figurent certains de ses écrits ! De cet hébergement, le poète Louis Marsolleau donne une version plus musclée - et peut-être sujette à caution - : Charles Cros fut d'après lui effaré « quand il aperçut, par un jeu de glaces, son invité qui s'apprêtait à lui enfoncer un poinçon dans le dos. Du coup il coupa court à cette hospitalité dangereuse et mit Rimbaud à la porte » ! On peut le comprendre... Suivront jusqu'à la fin de l'année d'autres logements, en particulier chez Ernest Cabaner et André Gill (*110 rue d'Assas*). On sait aussi que Forain et Rimbaud attendaient la sortie du travail du « *Pauvre Lélian* », modeste employé d'une compagnie d'assurances de la rue Laffitte, - attablés devant un verre d'absinthe, au café *Le Cadran* (*12 rue Drouot*).

Après un aller-retour à Charleville, fin 1871, c'est à l'*Hôtel d'Orient* (*41 rue Monsieur-le-Prince*) que le poète revient s'installer - juste au-dessus du restaurant *Polidor*, l'un des plus anciens bistrots parisiens. Puis c'est au tour de l'*Hôtel des Etrangers* (à l'**angle du boulevard Saint-Michel et de la rue Racine**) de l'héberger. L'hôtel en question est le « siège » du *Cercle*

Zutique que fréquente Arthur de temps en temps. En échange d'une chambre, il fait office de garçon de salle - ce qui n'arrange pas son caractère maussade et ombrageux. Ernest Cabaner, barman et pianiste de l'établissement, lui donne des leçons de piano - à l'aide d'une méthode d'enseignement novatrice (une couleur correspondant à chacune des notes de la gamme). Verlaine, de son côté, approvisionne le jeune homme en haschich... Toutes les conditions sont dès lors réunies pour que naisse le fameux poème *Voyelles,* dans lequel Arthur compare lettres et couleurs - et qui sera composé dans sa petite chambre du 3ème étage.

Un marchand de vin au **croisement des rues Bonaparte et du Vieux-Colombier** est le siège de plusieurs dîners des *Vilains Bonhommes,* où le peintre Fantin-Latour représenta le jeune poète et Verlaine au milieu d'autres Parnassiens (voir son tableau *Le Coin de Table* - février 1872). Les provocations de Rimbaud, elles, continuent - achevant d'excéder ses amis et autres « confrères en littérature »... L'incident avec Carjat est la goutte d'eau qui va faire déborder le vase. Ce jour du 2 mars 1872, à un énième dîner des *Vilains Bonhommes*, la soirée a été bien arrosée. Chacun récite ses vers personnels. Et soudain c'est l'esclandre. « Merde, merde, merde... » se met alors à crier Rimbaud, jugeant manifestement un poème trop « barbant ». Le photographe Etienne Carjat s'énerve : « Ferme ta gueule, petit morveux ! »... Rimbaud, furieux, s'empare alors d'une canne-épée et blesse légèrement Carjat. Cette fois, c'en est trop : viré, expulsé définitivement des dîners du cercle ! Pour ne rien arranger, les relations entre Rimbaud et Verlaine commencent à faire jaser ; ce dernier - pour sauver son mariage et

« rassurer » ses amis - convainc alors Arthur de s'éloigner provisoirement de Paris. Celui-ci part donc se faire oublier quelque temps à Charleville (avril 1872).

Retour dans la capitale : mai et juin le trouvent dans une petite chambre de 3 m² donnant sur une cour de l'*Hôtel de Cluny*. L'hôtel existe encore (**8 rue Victor-Cousin**), et sa minuscule chambre aussi (on peut y séjourner... en réservant longtemps à l'avance). Il l'évoque dans une lettre à son ami Ernest Delahaye, de juin 1872 : « En ce moment, j'ai une chambre jolie, sur une cour sans fond. La rue fait coin sur la place de la Sorbonne par le *Café du Bas-Rhin* et donne sur la rue Soufflot, à l'autre extrémité. » C'est ici qu'il aurait composé *La Chanson de la plus Haute Tour* - une plaque commémorative apposée sur place en atteste.

Rimbaud et son ami se rendent souvent à *l'Académie d'Absomphe* (néologisme - typique de la fin du XIXème siècle - pour « absinthe »), une gargote du **175 rue Saint-Jacques** devenue aujourd'hui un restaurant indien. A nouveau, son ami Forain, pas rancunier, le reçoit dans son atelier du mythique **17 quai d'Anjou**, l'*Hôtel Pimodan* (de nos jours plus connu sous le nom d'*Hôtel de Lauzun*) * - à l'époque dans un triste état de délabrement. Il fréquente alors encore régulièrement le *Café Tabouret,* à l'**angle de la rue de Vaugirard et de la rue de Rotrou**.

---

* A l'*Hôtel Pimodan*, Baudelaire avait, trente ans auparavant, un petit appartement sous les toits, donnant sur la cour.... Autre coïncidence, le poète des *Fleurs du Mal* avait aussi élu domicile quelques temps au 10, rue de Buci.

Mais dorénavant pour lui, c'en est trop - ou pas assez... Dégoûté de lui-même et du petit milieu littéraire parisien, le voyou qui voulait « se faire voyant » s'éloigne définitivement de Paris. Il n'y reviendra plus que pour de furtives visites (en particulier quand il rencontrera et se liera d'amitié avec le poète Germain Nouveau). Une autre errance commence alors, qui le mènera - avec ou sans Verlaine - aux quatre coins du globe...

« Moi qui me suis dit mage ou ange, dispensé de toute morale, je suis rendu au sol, avec un devoir à chercher, et la réalité rugueuse à étreindre ! »
(« Une Saison en Enfer »)

Index des entrées-rues

Abbé Georges Hénocque (rue de l') - 13ème
Abbesses (place des) - 18ème
Abbesses (rue des) - 18ème
Albin-Cachot (square) - 13ème
Aligre (place d') - 12ème
Alma (place de l') - 8ème
Alsace (rue d') - 10ème
Anatole-France (quai) - 7ème
Ancienne-Comédie (rue de l') - 6ème
Anjou (quai d') - 4ème
Arago (boulevard) - 14ème
Arbre Sec (rue de l') - 1er
Arts-et-Métiers (métro) - 3ème
Aubry-le-Boucher (rue) - 4ème
Auteuil (rue d') - 16ème

Babylone (rue de) - 7ème
Bac (rue du) - 7ème
Bastille (place de la) - 11ème
Batignolles (rue des) - 17ème
Beauregard (rue) - 2ème
Beautreillis (rue) - 4ème
Beaux-Arts (rue des) - 6ème
Becquerel (rue) - 18ème
Belliard (rue) - 18ème
Bercy (rue de) - 12ème
Bernardins (rue des) - 5ème
Berton (rue) - 16ème
Bessières (boulevard) - 17ème
Bièvre (rue de) - 5ème
Blomet (rue) - 15ème

Blondel (rue) - 2ème
Bons-Enfants (rue des) - 1er
Botzaris (rue) - 19ème
Boulainvilliers (rue de) - 16ème
Boulard (rue) - 14ème
Bourbon (quai de) - 4ème
Boyer (rue) - 20ème
Brady (passage) - 10ème
Bretagne (rue de) - 3ème
Brouillards (Allée des) - 18ème
Bûcherie (rue de la) - 5ème
Buffault (rue) - 9ème
Buffon (rue) - 5ème

Cabanis (rue) - 14ème
Cadet (rue) - 9ème
Caillié (rue) - 18ème
Caire (place du) - 2ème
Campagne-Première (rue) - 14ème
Capucines (boulevard des) - 9ème
Carmes (rue des) - 5ème
Cascades (rue des) - 20ème
Cassette (rue) - 6ème
Cavalotti (rue) - 18ème
Ceinture-du-lac-Daumesnil (route de) - 12ème
Chabanais (rue) - 2ème
Chabrol (rue de) - 10ème
Champ-de-Mars (parc du) - 7ème
Champollion (rue) - 5ème
Chanoinesse (rue) - 4ème
Chaptal (cité) - 9ème
Chaptal (rue) - 9ème
Charenton (rue de) - 12ème
Charles V (rue) - 4ème
Charles-Bossut (rue) - 12ème
Château (rue du) - 14ème
Château-d'Eau (rue du) - 10ème
Châtelet (place du) - 4ème

Chat-qui-Pêche (rue du) - 5ème
Chevalier-de-la-Barre (rue du) - 18ème
Chine (rue de la) - 20ème
Choron (rue) - 9ème
Clichy (avenue de) - 17ème
Clichy (boulevard de) - 18ème
Clichy (rue de) - 9ème
Colonel Bonnet (avenue du) - 16ème
Colonel Henri Rol-Tanguy (avenue de) - 14ème
Conti (quai de) - 6ème
Contrescarpe (place de la) - 5ème
Cortot (rue) - 18ème
Courtalon (rue) - 1er
Crémieux (rue) - 12ème
Crimée (rue de) - 19ème
Croix-Faubin (rue de la) - 11ème
Croulebarbe (rue) - 13ème
Cujas (rue) - 5ème
Cygnes (Île aux) - 16ème

Dantzig (passage de) - 15ème
Daru (rue) - 8ème
Daumesnil (avenue) - 12ème
Daunou (rue) - 2ème
Dauphine (place) - 1er
Dauphine (rue) - 6ème
Degrés (rue des) - 2ème
Dénoyez (rue) - 20ème
Descartes (rue) - 5ème
18-Juin-1940 (place du) - 15ème
Docteur Arnold Netter (avenue du) - 12ème
Drouot (rue) - 9ème
Duée (passage de la) - 20ème
Dunkerque (rue de) - 10ème

Ecole-de-Médecine (rue de l') - 6ème
Edgar-Quinet (boulevard) - 14ème

Edith-Piaf (place) - 20ème
Emile-Goudeau (place) - 18ème
Enghien (rue d') - 10ème
Etienne-Marcel (rue) - 2ème
Etoile (place de l') - 8ème & 17ème
Exelmans (boulevard) - 16ème

Faisanderie (rue de la) - 16ème
Falguière (cité) - 15ème
Faubourg-Montmartre (rue du) - 9ème
Faubourg-Saint-Antoine (rue du) - 11ème & 12ème
Faubourg-Saint-Honoré (rue du) - 8ème
Férou (rue) - 6ème
Ferronerie (rue de la) - 1er
Figuier (rue du) - 4ème
Flandre (rue de) - 19ème
Fleurs (quai aux) - 4ème
Florimont (impasse) - 14ème
Foch (avenue) - 16ème
Fontaine-au-Roi (rue de la) - 11ème
Fourcy (rue) - 4ème
François-Mauriac (quai) - 13ème
François-Miron (rue) - 4ème
Froidevaux (rue) - 14ème

Galande (rue) - 5ème
Gare (quai de la) - 13ème
Gasnier-Guy (rue) - 20ème
Gay-Lussac (rue) - 5ème
Gazan (rue) - 14ème
Général-Koenig (place du) - 17ème
Geoffroy-Saint-Hilaire (rue) - 5ème
Georges Lardennois (rue) - 19ème
Georges-Pompidou (place) - 4ème
Girardon (rue) - 18ème
Gît-le-Cœur (rue) - 6ème
Gobelins (avenue des) - 13ème

Goutte d'Or (passage de la) - 18ème
Grands-Augustins (rue des) - 6ème
Grange-aux-Belles (rue de la) - 10ème
Grange-Batelière (rue de la) - 9ème
Grenelle (rue de) - 15ème
Groupe-Manouchian (rue du) - 20ème
Gustave Geffroy (rue) - 13ème

Haussmann (boulevard) - 8ème
Haxo (rue) - 20ème
Hôpital (boulevard de l') - 13ème
Hôtel-de-Ville (place de l') - 4ème
Hôtel-de-Ville (quai de l') - 4ème
Hôtel-de-Ville (rue de l') - 4ème
Houdon (rue) - 18ème

Italiens (boulevard des) - 9ème
Ivry (avenue d') - 13ème

Jacques-Bingen (rue) - 17ème
Jean Goujon (rue) - 8ème
Jean-Colly (rue) - 13ème
Jean-Jacques Rousseau (rue) - 1er
Jean-Jaurès (avenue) - 19ème
Jean-Paul II (place) - 4ème
Jehan-Rictus (square) - 18ème
Jemmapes (quai de) - 10ème
Joachim du Bellay (place) - 1er
Jourdan (boulevard) - 14ème
Junot (avenue) - 18ème

La Fayette (rue) - 10ème
La Fontaine (rue Jean de) - 16ème
Lamartine (square) - 16ème
Lamballe (avenue de) - 16ème
Lancry (rue de) - 10ème
Lannes (boulevard) - 16ème

Lauriston (rue) - 16ème
La-Ville-Neuve (rue de) - 2ème
Le Peletier (rue) - 9ème
Le Regrattier (rue) - 4ème
Le Sueur (rue) - 16ème
Lecourbe (rue) - 15ème
Léon-Jouhaux (rue) - 10ème
Lepic (rue) - 18ème
Liège (métro) - 9ème
Lille (rue de) - 7ème
Lisbonne (rue de) - 8ème
Lombards (rue des) - 4ème
Lota (rue) - 16ème
Louis Braille (rue du) - 12ème
Louvre (place du) - 1er

Madagascar (rue de) - 12ème
Madeleine (place de la) - 8ème
Maine (avenue du) - 15ème
Marcel-Aymé (place) - 18ème
Maréchal Fayolle (avenue du) - 16ème
Marie-Rose (rue) - 14ème
Martyrs (rue des) - 9ème
Mazarine (rue) - 6ème
Mazas (place) - 12ème
Ménilmontant (boulevard de) - 20ème
Merisiers (sentier des) - 12ème
Monge (rue) - 5ème
Monsieur-le-Prince (rue) - 6ème
Montagne Ste-Geneviève (rue de la) - 5ème
Montalembert (rue de) - 7ème
Montmartre (boulevard) - 9ème
Montmartre (rue) - 2ème
Montmorency (rue de) - 3ème
Montparnasse (boulevard du) - 6ème
Morillons (rue des) - 15ème
Mortier (boulevard) - 20ème
Mouffetard (rue) - 5ème

Mouzaïa (rue) - 19ème
Mozart (avenue) - 16ème

Navarin (rue de) - 9ème
Nélaton (rue) - 15ème
Nicolas-Appert (rue) - 11ème

Oberkampf (rue) - 11ème
Observatoire (avenue de l') - 6ème
Odessa (passage d') - 14ème
Olivier de Serres (rue) - 15ème
Orchampt (rue d') - 18ème
Ordener (rue) - 18ème
Orsay (quai d') - 7ème

Pajol (rue) - 18ème
Palais (boulevard du) - 1er
Palais-Royal (jardins du) - 1er
Panthéon (place du) - 5ème
Pasquier (rue) - 8ème
Paul Doumer (avenue) - 16ème
Paul Langevin (square) - 5ème
Paul Painlevé (square) - 5ème
Pavée (rue) - 4ème
Payenne (rue) - 3ème
Père-Teihard-de-Chardin (place du) - 4ème
Petits-Champs (rue des) - 2ème
Petits-Pères (place des) - 2ème
Picpus (rue de) - 12ème
Pierre-Charron (rue) - 8ème
Pierre-Demours - 17ème
Pierre-Sarrazin (rue) - 6ème
Pigalle (rue) - 9ème
Poissonnière (boulevard) - 2ème
Poissy (rue de) - 5ème
Poliveau (rue) - 5ème
Poniatowski (boulevard) - 12ème

Pont-Neuf - 1er
Porte-de-Clignancourt (avenue de la) - 18ème
Porte-de-Vincennes (avenue de la) - 20ème
Pot-de-Fer (rue du) - 5ème
Prado (passage du) - 10ème
Prévôt (rue du) - 4ème
Provence (rue de) - 9ème
Puits de l'Ermite (place du) - 5ème
Pyrénées (rue des) - 20ème

Quincampoix (rue) - 3ème

Rachel (avenue) - 18ème
Rambuteau (rue) - 1er
Ramponeau (rue) - 20ème
Rapp (avenue) - 7ème
Raynouard (rue) - 16ème
Rémy Dumoncel (rue) - 14ème
René-Dumont (Coulée Verte) - 12ème
René-Viviani (square) - 5ème
République (avenue de la) - 11ème
Richelieu (rue de) - 2ème
Richer (rue) - 9ème
Rivoli (rue de) - 1er
Rosiers (rue des) - 4ème
Ronsard (rue) - 18ème

Saint-Bernard (rue) - 11ème
Saint-Blaise (rue) - 20ème
Saint-Claude (rue) - 3ème
Saint-Gothard (rue du) - 14ème
Saint-Jacques (place) - 14ème
Saint-Martin (boulevard) - 3ème
Saint-Michel (boulevard) - 5ème & 6ème
Saintonge (rue de) - 3ème
Saint-Sulpice (place) - 6ème
Saint-Sulpice (rue) - 6ème

Samuel de Champlain (square) - 20ème
Saules (rue des) - 18ème
Seine (quai de la) - 19ème
Seine (rue de) - 6ème
Seurat (villa) - 14ème
Sèvres (rue de) - 6ème
Simon-Bolivar (avenue) - 19ème
Solidarité (rue de la) - 19ème
Sommerard (rue du) - 5ème
Stéphane-Grappelli (rue) - 17ème

Tardieu (rue) - 18ème
Télégraphe (rue du) - 20ème
Temple (boulevard du) - 11ème
Tesson (rue) - 10ème
Tholozé (rue) - 18ème
Tournon (rue de) - 6ème
Tour-Saint-Jacques (square de la) - 4ème
Turbigo (rue de) - 3ème

Vaneau (rue) - 7ème
Vaugirard (rue de) - 6ème & 15ème
Vendôme (place) - 1er
Vercingétorix (rue) - 14ème
Vergniaud (rue) - 13ème
Verneuil (rue de) - 7ème
Verrerie (rue de la) - 4ème
Viarmes (rue de) - 1er
Victor Cousin (rue) - 5ème
Victor-Massé (rue) - 9ème
Villiers (avenue de) - 17ème
Vinaigriers (rue des) - 10ème
Volta (rue) - 3ème
Voltaire (boulevard) - 11ème
Voltaire (quai) - 7ème
Vosges (place des) - 4ème

Index des noms

Hall, Jerry 139
Hallier, Jean-Edern 65, 100
Hallyday, Johnny 105, 138, 146
Haumet (Abbé) 169
Haussmann, Georges 43, 116, 170, 227, 269
Hébert, Jacques-René 91
Héloïse (d'Argenteuil) 51-52
Hemingway, Ernest 70, 75, 84, 100
Henner, Jean-Jacques 241-242
Henri III 16
Henri IV 12, 143
Henry, Emile 10, 171-172
Hénu, Henri-Jean 310
Hepburn, Audrey 73
Hérry, Sylvette 207
Hicter, Daniel 142
Honoré, Philippe 167
Houssaye, Arsène 316
Hugo, Victor 43, 57, 63, 81, 94, 125, 283, 287
Huysmans, Joris-Karl 103, 105

Ionesco, Eugène 87
Ipoustéguy, Jean-Robert 60

Jacob, Max 124, 251
Jagger, Mick 105, 139
Janniot, Alfred 179
Jaquemart, Henri-Alfred 78
Jarry, Alfred 87, 92, 100
Jaurès, Jean 28
Jean (dit Jeannot) 200
Jeannon, Léo 87
Jean-Philippe, Clarissa 280
Jean-sans-Peur 27
Jeantet, Claude 17
Jef Aérosol (Jean-François Perroy dit) 237
Jésus 32

Liste des autres rues

citées

Abbesses (métro) 245 (18ème)
Abbesses (rue des) 200 (18ème)
Alésia (rue d') 204 (14ème)
Alexandrie (rue d') 24 (2ème)
Alibert (rue) 171 (10ème)
Aligre (rue d') 175 (12ème)
Alma (pont de l') 116, 123 (8ème)
Alsace (rue d') 129, 297 (10ème)
Amsterdam (rue d') 290 (9ème)
Angoulême-du-Temple (rue d') 290 (*)
Anjou (quai d') 289, 307, 325 (4ème)
Arsenal (métro) 40 (*)
Arts (pont des) 93 (6ème)
Assas (rue d') 323 (6ème)

Babylone (rue de) 289 (7ème)
Bac (rue du) 287 (7ème)
Bagnolet (porte de) 279 (20ème)
Baillif (rue) 297 (*)
Bastille (place de la) 175, 184, 238 (4-11-12èmes)
Beaunier (rue) 206 (14ème)
Beauregard (rue) 26 (2ème)
Beauséjour (boulevard de) 218 (16ème)
Beautreillis (rue) 226, 290, 305, 306, 307, 309,
311 (4ème)
Beaux-Arts (rue des) 309, 315 (6ème)
Beethoven (rue) 316 (16ème)
Belleville (rue de) 277 (20ème)

Bérézinas (passage des) 30 (**)
Berton (rue) 233 (16ème)
Béthune (quai de) 288 (4ème)
Bichat (rue) 171 (10ème)
Birague (rue de) 307 (4ème)
Blanche (rue) 146 (9ème)
Bois-de-Boulogne (passage du) 160 (*)
Bonaparte (rue) 288, 322, 324 (6ème)
Bonne-Nouvelle (boulevard de) 128, 289, 296
(2-10èmes)
Bons-Enfants (rue des) 171 (1er)
Bouloi (rue du) 317 (1er)
Bourbon (quai de) 58 (4ème)
Brancion (rue) 282 (15ème)
Bréda (rue) 317 (*)
Brosse (rue de) 290 (4ème)
Brouillards (allée des) 316 (18ème)
Bûcherie (rue de la) 154, 307 (5ème)
Buci (rue de) 289, 322, 325 (6ème)
Buffault (rue) 311 (9ème)
Buttes-Chaumont (parc des) 267, 269 (19ème)

Caire (passage du) 24 (2ème)
Caire (rue du) 24 (2ème)
Campagne-Première (rue) 322 (14ème)
Cannebière (rue) 179 (12ème)
Capitaine-Ferber (rue du) 279 (20ème)
Cardinal-Lemoine (rue du) 76 (5ème)
Castiglione (rue de) 298 (1er)
Caumartin (rue) 316 (9ème)
Cavalotti (rue) 237 (18ème)
Champ-de-Mars (métro) 40 (**)
Chantre (rue du) 317 (*)
Chaptal (impasse) 135 (*)
Charlemagne (rue) 315 (4ème)
Charlemagne (square) 58 (4ème)
Charonne (rue de) 171 (11ème)
Château (rue du) 213 (14ème)

Docteur Leray (rue du) 189 (13ème)
Dôme (rue du) 291 (16ème)
Dorée (porte) 183, 184 (12ème)
Douai (rue de) 316 (9ème)
Doyenné (impasse du) 316 (*)
Drouot (rue) 323 (9ème)
Duée (passage de la) 183 (20ème)
Dupuytren (rue) 70 (6ème)

Ecluses Saint-Martin (rue des) 156 (10ème)
Ecoles (rue des) 72, 82 (5ème)
Ecouffes (rue des) 62 (4ème)
Edgar-Quinet (boulevard) 291 (14ème)
Enfer (rue d') 322 (*)
Envierges (rue des) 283 (20ème)
Estrapade (rue de l') 288 (5ème)

Faubourg-Montmartre (rue du) 140, 296, 299,
                317 (9ème)
Faubourg-Poissonnière (rue du) 146 (9-10èmes)
Faubourg-Saint-Denis (rue du) 153, 160, 297,
                317 (10ème)
Faubourg-Saint-Honoré (rue du) 219 (8ème)
Faubourg-Saint-Jacques (rue du) 208 (14ème)
Faubourg-Saint-Martin (rue du) 153, 162 (10ème)
Femme-sans-Tête (rue de la) 58, 289 (*)
Ferdinand-Duval (rue) 61 (4ème)
Flandrin (boulevard) 230 (16ème)
Fontaine-au-Roi (rue de la) 171, 279 (11ème)
Forges (rue des) 25 (2ème)
Fossés-Saint-Germain (rue des) 91 (*)
Francœur (rue) 181 (18ème)
Francs-Bourgeois (rue des) 307 (3-4èmes)
Frigos (rue des) 192 (13ème)
Frochot (rue) 290 (9ème)

Garreau (rue) 251 (18ème)

Gay-Lussac (rue) 250 (5ème)
Général-Brunet (rue du) 270 (19ème)
Géo-Chavez (rue) 279 (20ème)
George V (avenue) 305, 310 (8ème)
Girardon (rue) 247, 256 (18ème)
Grande Armée (avenue de la) 315 (16-17èmes)
Grands-Augustins (quai des) 298 (6ème)
Grenelle (boulevard de) 217 (15ème)
Grenelle (rue de) 305 (6-7èmes)
Grève (place de) 23, 50 (*)

Halles (rue des) 58 (1er)
Hanovre (rue de) 141 (2ème)
Hautefeuille (rue) 287 (6ème)
Havre (rue du) 146 (8-9èmes)
Haxo (métro) 40 (*)
Haxo (rue) 167 (19-20èmes)
Henri IV (boulevard) 307 (4ème)
Hôtel-de-Ville (place de l') 55 (4ème)

Italie (place d') 189 (13ème)

Jean-Pierre-Timbaud (rue) 290 (11ème)
Jean-Poulmarch (rue) 162 (10ème)
Jouffroy (passage) 140, 144 (9ème)
Juifs (île aux) 11 (*)

La Chapelle (boulevard de) 247 (10-18èmes)
La Fayette (rue) 297 (9-10èmes)
La Rochefoucauld (rue de) 316 (9ème)
La Villette (parc de) 269 (19ème)
Laffitte (rue) 144, 289, 323 (9ème)
Lamartine (rue) 289, 316 (9ème)
Lamballe (avenue de) 317 (16ème)
Lauriston (rue) 147 (16ème)
Laval (rue de) 149 (*)
Le Regrattier (rue) 289 (4ème)

Lefebvre (boulevard) 106 (15ème)
Lepic (rue) 83 (18ème)
Liège (rue de) 142 (8-9èmes)
Lille (rue de) 288, 298, 317 (7ème)
Lingerie (rue de la) 13 (1er)
Lions Saint-Paul (rue des) 307 (4ème)
Lobau (rue de) 56 (4ème)
Louis Blanc (rue) 156 (10ème)
Louis-le-Grand (rue) 141 (2ème)
Louvre (quai du) 298 (1er)

Magenta (boulevard de) 137, 161 (9-10èmes)
Mail (rue du) 317 (2ème)
Malaquais (quai) 298 (6ème)
Manin (rue) 269 (19ème)
Marais-du-Temple (rue des) 289 (*)
Marguerin (rue) 17 (14ème)
Marie (pont) 16 (4ème)
Martyrs (rue des) 317 (9-18èmes)
Mathurin-Moreau (avenue) 269 (19ème)
Matignon (avenue de) 316 (8ème)
Mazagran (ruelle) 276 (*)
Mégisserie (quai de la) 54 (1er)
Ménilmontant (boulevard de) 303 (11-20èmes)
Merisiers (sentier des) 276 (12ème)
Michel-Tagrine (rue) 269 (19ème)
Michodière (rue de la) 141 (2ème)
Miguel-Hidalgo (rue) 270 (19ème)
Monceau (parc) 124 (8ème)
Monsieur-le-Prince (rue) 323 (6ème)
Mont-Cenis (rue du) 253 (18ème)
Montchanin (rue de) 240 (*)
Montmartre (boulevard) 296 (2-9èmes)
Montmartre (rue) 116, 296 (1er-2ème)
Montmorency (rue de) 43 (3ème)
Montparnasse (boulevard du) 308 (6-14-15èmes)
Montpensier (rue de) 297 (1er)
Montyon (rue de) 316 (9ème)

Mortellerie (rue de la) 56 (*)
Moulin-Vert (rue du) 315 (14ème)

Nation (place de la) 175, 183 (11-12èmes)
Navarin (rue de) 316, 317 (9ème)
Neuilly (avenue de) 289 (16-17èmes)
Neuve-des-Bons-Enfants (rue) 290, 317 (*)
Nicolet (rue) 321, 322 (18ème)
Nord (place du) 291 (*)
Norvins (rue) 252, 257 (18ème)
Notre-Dame (pont) 60 (4ème)
Notre-Dame-de-Lorette (rue) 316, 321 (9ème)
Notre-Dame-des-Victoires (rue) 296 (2ème)

Odéon (rue de l') 70 (6ème)
Opéra (avenue de l') 10 (1er-2ème)
Oratoire (place de l') 317 (*)
Otages (villa des) 279 (20ème)
Ourcq (canal de l') 268, 269, 271 (19ème)

Panoramas (passage des) 140, 143, 144, 153
(2ème)

Paon (rue du) 315 (*)
Papin (rue) 310 (3ème)
Partants (rue des) 277 (20ème)
Pascal (rue) 118 (5-13èmes)
Percée (rue) 60 (*)
Petits-Champs (rue des) 176 (1er-2ème)
Piat (rue) 283 (20ème)
Picpus (rue de) 316 (12ème)
Pierre-le-Grand (rue) 124 (8ème)
Pierre-Levée (rue de la) 167 (11ème)
Pigalle (place) 321 (9ème)
Pigalle (rue) 290, 316 (9ème)
Pirouette (rue) 16 (*)
Plateau (passage du) 277 (19ème)
Poissonnière (boulevard) 296 (2-9èmes)

Pompe (rue de la) 230, 289 (16ème)
Porte-Dorée (métro) 183 (12ème)
Porte-Molitor (métro) 40 (*)
Pot-de-Fer-Saint-Sulpice (rue du) 288 (*)
Pré-Saint-Gervais (rue du) 195 (19ème)
Prouvaires (rue des) 315 (1er)
Provence (rue de) 289 (8-9èmes)
Puebla (rue de) 272 (*)
Puits-de-l'Ermite (rue du) 315 (5ème)

Racine (rue) 102, 323 (6ème)
Rambuteau (rue) 317 (1er-3-4èmes)
Ramponneau (rue) 167 (20ème)
Raspail (boulevard) 322 (6-7-14èmes)
Raynouard (rue) 223 (16ème)
Réaumur (rue de) 25 (2-3èmes)
René-Boulanger (rue) 41 (10ème)
René-Gall (square) 190 (13ème)
Repos (rue du) 279 (20ème)
République (place de la) 270 (3-10-11èmes)
Rivoli (rue de) 9, 297, 317 (1er-4ème)
Rochechouart (boulevard de) 149 (9-18èmes)
Ronsin (impasse) 218, 219 (*)
Rosiers (rue des) 232, 233 (4ème)
Rosiers (rue des) 248, 316 (*)
Rotrou (rue) 325 (6ème)
Rottembourg (rue) 218 (12ème)
Roux (passage) 195 (17ème)
Royale (place) 64 (*)

Sahel (rue du) 282 (12ème)
Saint-André-des-Arts (rue) 287, 311 (6ème)
Saint-Antoine (rue) 306, 307, 311 (4ème)
Saint-Augustin (rue) 29 (2ème)
Saint-Blaise (place) 282 (20ème)
Saint-Denis (rue) 24, 58 (1er-2ème)
Sainte-Anne (rue) 290 (1er-2ème)

Tourlaque (rue) 277 (18ème)
Tournon (rue de) 289 (6ème)
Transvaal (rue du) 283 (20ème)
Tristan Bernard (place) 310 (17ème)
Trois Portes (rue des) 137 (5ème)
Trône (place du) 183 (*)

Universitaire (cité) 205 (14ème)
Université (rue de l') 288 (7ème)

Valois (galerie de) 15 (1er)
Valois (rue de) 297 (1er)
Vaneau (rue) 288 (7ème)
Vanves (rue de) 204 (*)
Vaugirard (rue de) 315, 325 (6-15èmes)
Vendôme (place) 298 (1er)
Verdeau (passage) 140, 296 (9ème)
Véro-Dodat (galerie ou passage) 12, 317 (1er)
Versailles (porte de) 106 (15ème)
Veuves (allée des) 316 (*)
Victoire (rue de la) 316 (9ème)
Victor (boulevard) 106 (15ème)
Victor-Cousin (rue) 325 (5ème)
Victoria (avenue) 50 (1er-4ème)
Vieille-Lanterne (rue de la) 50, 318 (*)
Vieux-Colombier (rue du) 288, 324 (6ème)
Vincennes (porte de) 184 (20ème)
Vincent-Auriol (boulevard) 280 (13ème)
Vivienne (galerie) 29 (2ème)
Vivienne (rue) 176, 296, 298 (2ème)
Voltaire (quai) 290 (7ème)
Vosges (place des) 307 (4ème)

Yves-Toudic (rue) 289 (10ème)

(*)   voie aujourd'hui disparue, ou renommée.
(**)   voie « fictive ».

Table des matières

Du même auteur

- « Aphorismes, paradoxes et autres billevesées »
(BoD n° 1231625)

- « Paysages/Visages/Voyages »   (BoD n° 1239451)

- « Qui est qui ? - Dictionnaire des pseudonymes »
(BoD n° 1310936)

- « Un air de famille - 500 célébrités qui se ressemblent »
(BoD n° 1267783)

- « Le Père-Lachaise, un cimetière bien vivant »
(BoD n° 1266269)

- « Ils ont dit… »   (BoD n° 1262065)

- « Sentences sans queue ni tête (La beauté du non-sens) »
(BoD n° 1298457)

- « Dictionnaire de la guerre civile espagnole et de ses
prémices 1930-1939 »   (BoD n° 1311069)

- « Absurdomanies… »   (BoD n° 1330401)

- « Les fins mots de la fin »   (BoD n° 1333805)

- « Villages de France »   (Bookelis n° 33976)

- « Last words, last words… out ! »   (BoD n° 1333798)

- « Gargouilles et marmousets dans la sculpture médiévale »
(Bookelis n° 33961)

- « Aphorismes, paradoxes et autres calembredaines »
(Bookelis n° 35794)